Eckhard Heck

111 Orte in Bonn, die man gesehen haben muss

emons:

Allen Bonnerinnen und Bonnern mit besonderem Dank an
Petra Dicke, Iris Elfgen, Olaf Guerke, Anselm Neft und
Kirstie Pfau, ohne die dieses Buch nicht möglich gewesen wäre.

Bibliografische Information der Deutschen Nationalbibliothek
Die Deutsche Nationalbibliothek verzeichnet diese Publikation
in der Deutschen Nationalbibliografie; detaillierte bibliografische
Daten sind im Internet über http://dnb.d-nb.de abrufbar.

FSC
www.fsc.org
MIX
Papier aus verantwortungsvollen Quellen
FSC® C010135

Gestaltung: Eva Kraskes, nach einem Konzept
von Lübbeke | Naumann | Thoben
Kartografie: altancicek.design, www.altancicek.de
Kartenbasisinformationen aus Openstreetmap,

Druck und Bindung: B.O.S.S Druck und Medien GmbH, Goch
Printed in Germany 2013
ISBN 978-3-95451-212-6
Originalausgabe

Vorwort

Das Bonner Münster, Beethoven, Bundesstadt und Biergärten – das fällt einem zu Bonn ein, wenn auch vielleicht nicht unbedingt in dieser Reihenfolge und sicher auch nicht ausschließlich. Nicht dass daran etwas Falsches wäre. Für all das und vieles mehr ist die Stadt bekannt und berühmt, und doch wird es in diesem Buch nur am Rande Erwähnung finden, denn der vorliegende Reiseführer zu 111 Bonner Orten will den Blick auf andere Sehenswürdigkeiten lenken als die allgemein und hinlänglich bekannten. Um die bewegte Geschichte der ehemaligen Kapitale der alten Bundesrepublik macht er dennoch keinen Bogen. Im Gegenteil. Gerade in der Historie einer Stadt, in der praktisch ständig irgendwo gegraben, und das ein oder andere dabei auch wieder verbuddelt wird, tritt so manches zutage, das bisher der Aufmerksamkeit entging oder erneuter Betrachtung bedarf.

Den Besuchern und Einheimischen, die mit diesem Buch auf Entdeckungsreise gehen, wird entgegenkommen, dass Bonn recht überschaubar ist – was man keinesfalls mit klein verwechseln sollte, schon um jene Bonner nicht zu kränken, in deren Wahrnehmung alles noch ein bisschen größer erscheint, als es in Wirklichkeit ist. Das hat nichts mit Hochmut zu tun, sondern ist einerseits historisch begründet und drückt andererseits den Stolz auf die gegenwärtige Wandlungsfähigkeit der Stadt aus. Sich davon zu überzeugen und sich nebenbei eine gute Prise rheinischen Humors zu gönnen – eine der hiesigen Spezialitäten – wird beim Besuch der 111 Orte nicht schwerfallen. Wer sich dabei Zeit lässt und, ganz untouristisch, nicht lediglich von Ort zu Ort hetzt, der wird erfahrungsgemäß auf viel Bemerkenswertes stoßen, das nur darauf wartet, erforscht zu werden. Wahrscheinlich ist es das, was die Wege in Bonn so kurz(weilig) macht.

111 Orte

futter

1 Die Alte Apotheke

Denkmalschutz für einen Aschenbecher

Erst beim zweiten Hinsehen fällt ein Relikt aus vergangenen Tagen auf: Ein kleiner Aschenbecher, wie man ihn früher auch in Zugabteilen fand, wurde lapidar an die Wandvertäfelung geschraubt. Zur Erinnerung: Wir befinden uns in einer Apotheke. Früher scheint es durchaus üblich gewesen zu sein, dass die Wartenden noch schnell eine Zigarre pafften, bevor ihr Medikament gegen die chronische Bronchitis fertig angemischt war.

Den Aschenbecher hat vermutlich der als sehr exzentrisch geltende Vorbesitzer, ein Herr Brewer, zu verantworten. Einer von vielen Pächtern, die in den letzten fast 175 Jahren hier ihre Spuren hinterlassen haben. Da kommt einiges zusammen.

Herr Brewer betrieb die Apotheke bis 1997 und ruinierte sie wirtschaftlich. Vorher ließ er sich im Stil des ausgehenden 18. Jahrhunderts porträtieren und hing sich, Pardon, hing das Bild von sich in der Apotheke auf, wo es heute noch den Verkaufsraum dominiert. Die abgebildete Person ist also nicht etwa der Kurfürst Max Franz, wie die Beschriftung weismachen will, sondern der Apotheker selbst. Eine äußerliche Ähnlichkeit mit dem Kölner princeps elector imperii bleibt unbestätigt, eine Seelenverwandtschaft hingegen ist mehr als offensichtlich.

Die Gründung der nachweislich ersten Godesberger Apotheke wird auf das Jahr 1838 datiert. Die dem Erstbesitzer in Koblenz – seinerzeit noch mit »C« geschrieben – ausgestellte Konzessionsurkunde ist ebenfalls im Verkaufsraum zu sehen.

Heute ist die Alte Apotheke ein modernes und nach wirtschaftlichen Gesichtspunkten geführtes Unternehmen. Inhaber Stefan Fröhling übernahm sie direkt nach dem Konkursverfahren und beließ die Inneneinrichtung weitestgehend so, wie er sie vorgefunden hatte. Einträchtig tummeln sich hier Stilelemente mehrerer Epochen nebeneinander. Die Alte Apotheke hat damit durchaus etwas von einem Museum. Sie steht seit 1997 unter Denkmalschutz.

Adresse Koblenzer Straße 58, 53173 Bonn (Bad Godesberg), Tel. 0228/353001, www.alte-apotheke.com | **ÖPNV** U-Bahn 16, 63, 67, Haltestelle Bad Godesberg Bahnhof (zu dem man auch mit den Regionalbahnen fahren kann) | **Öffnungszeiten** Mo–Fr 8–19.30 Uhr, Sa 8–16 Uhr | **Tipp** Auch Beuel kann mit einer »alten Apotheke« aufwarten. Die Hirsch-Apotheke in der Friedrich-Breuer-Straße 44 wurde 1845 als erste Apotheke Beuels gegründet, und vieles aus der »alten Zeit« blieb erhalten.

2 Die Amerikanische Kirche

Eine Kirche für den Kriegsminister

Warum die Stimson Memorial Chapel von den Bonnern meist nur die »Amerikanische Kirche« genannt wird, ist augenscheinlich. An die Staaten der amerikanischen Ostküste wie Maine oder New Hampshire fühlt man sich erinnert, wenn man vor diesem Gotteshaus in Plittersdorf steht. Das Backsteingebäude mit dem weißen Turm, im Kolonialstil des 18. Jahrhunderts erbaut, liegt am Rande der ehemaligen HICOG-Siedlung für die Angehörigen der amerikanischen Vertretung. Diese wurden hier, nach der Ernennung Bonns zur provisorischen Bundeshauptstadt, in insgesamt 440 Wohnungen auf einem 32 Hektar großen Areal untergebracht. Bis 1963 war das Gebiet exterritorial, also de facto ein Stück USA auf deutschem Boden. Das Kino, der Club und etliche andere Einrichtungen der damals vollkommen eigenständigen Siedlung existieren heute leider nicht mehr. Die Beschilderung lässt jedoch hier und da noch auf die Vergangenheit schließen.

1952 weihte der Hohe Kommissar John J. McCloy die Kirche ein. Er entschied, sie nach seinem Vorgesetzten aus dem Zweiten Weltkrieg Henry L. Stimson zu benennen. Stimson diente als einflussreicher Politiker unter nicht weniger als sieben US-Präsidenten. Unter anderem als Kriegs- und Außenminister. 1999 übergab der damalige US-Präsident Bill Clinton die Kirche an die Stadt Bonn.

Tritt man ein, schreitet man über lila Velour, der in schreiendem Kontrast zur fast ländlich rustikalen Einrichtung steht. Von dem Raum, der eher an ein Klassenzimmer als an eine Kirche erinnert, geht eine Selbstverständlichkeit aus, die ebenso weit weg ist vom Pomp katholischer Gotteshäuser wie von der formalen Strenge mancher protestantischer. Während jene, auf die eine oder andere Art, dem Besucher sogleich Demut abverlangen, hat diese Kirche etwas sehr Einladendes. Wen wundert es da, dass man beim Eintreten sogleich mit einem freundlichen »Hello, how are you?« begrüßt wird.

Adresse Kennedyallee 150, 53175 Bonn (Plittersdorf) | **ÖPNV** Bus 611, Haltestelle Steubenring | **Öffnungszeiten** ganztägig geöffnet | **Tipp** Ganz in der Nähe und direkt am Rhein liegt der Garten des »Mausoleum von Carstanjen«, der tagsüber zugänglich ist. Das Mausoleum ist nur an Gedenktagen und bei Urnenbestattungen zu betreten, aber auch von außen allemal einen Blick wert.

3 Das Apfelkind

Kinder, Kuchen und ein Zankapfel

Das Apfelkind ist ein Familiencafé im Südviertel, und wären wir in Berlin, dann wäre es kaum der Erwähnung wert. Ein unfairer Vergleich und keinesfalls einer, der das Apfelkind abwerten soll. Natürlich wäre es auch in Berlin toll, aber es gäbe eben noch 40 andere kleine Cafés mit einem Extrazimmer voller kindgerechter Spielsachen aus wertigen Materialien und voller feinsinniger Details, wohin man blickt.

Am allerschönsten ist es hier, wenn sich alles, von Jung bis Alt, trifft. Dann findet ganz automatisch der zwischenmenschliche Austausch statt, den sich das Apfelkind wünscht. Familien oder alleinerziehende Mütter und Väter kommen mit ihren Kindern, weil die sich hier mal austoben können, ohne dass man hinterher die eigene Wohnung renovieren muss. Opa kauft Enkelin eine heiße Waffel und spendiert sich selbst einen Kaffee und ein Stück Obstkuchen. Derweil beobachtet der noch kinderlose Gast die Szene und lauscht gespannt den Gesprächen der Schutzbefohlenen. Ob hier ein Kinderwunsch geweckt wird, das weiß man nicht. Jedenfalls kann man sich dem Thema schon mal annähern, ohne sich gleich festzulegen. Die hellen Räume regen dazu an, sie mit Gedanken zu füllen.

Das Apfelkind ist auch eine Marke: Das Logo mit dem Kindergesicht in einem Apfel findet sich auf Tassen und anderen Produkten. International bekannt wurde das Logo, als die Firma Apple gegen dessen Anmeldung beim Deutschen Patent- und Markenamt Einspruch erhob. Die Angelegenheit ging durch Blogs und Presse und schaukelte sich zu einem Fall David gegen Goliath hoch. Womit Apple nicht gerechnet hatte: Das Apfelkind ließ sich nicht einschüchtern, und der große Weltkonzern musste schließlich klein beigeben. So darf das Apfelkind weiter von Tassen und Stoffbeuteln lächeln, und alles ist wieder gut, denn Streit mag das Apfelkind eigentlich gar nicht. Einfach schön soll man es hier bei ihm haben.

Adresse Argelanderstraße 48, 53115 Bonn (Südstadt), Tel. 0163/4654604, www.apfel-kind.de | **ÖPNV** Straßenbahn 61, 62, Haltestelle Weberstraße | **Öffnungszeiten** Di–Fr 9–18.30 Uhr, Sa 10–18 Uhr, an Feiertagen geschlossen | **Tipp** In der Nähe, am Bonner Talweg 14, ist die antiquarische Buchhandlung »Antiquarius«, in der man sich mit Literatur, auch über Kindererziehung, versorgen kann.

4 Das Arboretum Park Härle

Zwei Damen stiften einen Park

Die Geschichte des Park Härle beginnt mit dem ehemaligen Direktor der Rheinischen Eisenbahn-Gesellschaft, Franz Carl Rennen. Er ließ 1870 auf einem Grundstück in Oberkassel ein großes Landhaus im englischen Fachwerkstil errichten und legte einen Park an. 1921 erwarb der Jurist Dr. Carl Härle das Anwesen als Sommersitz für seine Familie. Das Haus wurde im Stil der neuen Sachlichkeit umgebaut und der Park um das Gebäude herum, der heute als »alter Park« bezeichnet wird, durch die Pflanzung besonderer Bäume und Sträucher erweitert.

Nach 1945 wurden im Teil jenseits der Büchelstraße, dem »neuen Garten«, Nutzgärten für den Eigenbedarf angelegt. Zwei der drei Töchter Carl Härles, Maria und Regina Härle, übernahmen nach dem Tod des Vaters das Anwesen. 1978 wurde der neue Garten in seinen wesentlichen Grundzügen so gestaltet, wie er sich dem Besucher heute darstellt. An die neue B 42 angrenzend, blieb außerdem der weitgehend naturbelassene »Waldpark« mit Nadelholzbestand, Streuobstwiesen und einem Weiher erhalten.

Alle drei Bereiche des Parks sind im Rahmen von öffentlichen Führungen zu besichtigen. Buchstäblich Tausende Gewächse zahlreicher botanischer Gattungen legen den Vergleich mit einem botanischen Garten deutlich näher als den mit einem herkömmlichen Park. Manche Besucher kommen mehrmals im Jahr vorbei, und das aus gutem Grund: Während im alten Park der Bestand eher auf Langlebigkeit hin angelegt ist, ist der neue Garten stetiger Umgestaltung unterworfen und von immer neuem Reiz. Auch jahreszeitlich bedingt bieten sich wechselnde Impressionen.

Maria Härle, deren ästhetische Vorstellungen die Anlage bis heute prägen, starb 1996. Regina Härle gründete 1997, drei Jahre vor ihrem Tod, die Stiftung, die sich im Sinne der beiden Damen sehr engagiert um die Erhaltung, Pflege und Weiterentwicklung des Parks kümmert und ihn der Öffentlichkeit zugänglich macht.

Adresse Büchelstraße 40, 53227 Bonn (Oberkassel), Tel. 0228/2499270, www.arboretum-haerle.de | ÖPNV Straßenbahn 62, U-Bahn 66, Haltestelle Oberkassel-Mitte | Öffnungszeiten Führungen finden von April bis Oktober zweimal im Monat statt. Zusätzlich können individuelle Gruppenführungen (ab 15 Personen) angemeldet werden. Außerhalb der Führungen ist der Park nur an den Tagen der Offenen Gartenpforte geöffnet. | Tipp Im Rahmen des Tages der Offenen Gartenpforte öffnen auch viele weitere Gärten in Bonn ihre Tore wie zum Beispiel die Burg Lede (Seite 42) und die Grüne Spielstadt (Seite 86), www.offene-gartenpforte.de.

5 Die Argelander Sternwarte

Zehn Jahre Fleißarbeit für den Sternenkatalog

Nein, so stellt man sich eine Sternwarte nicht vor. Das Gebäude ist eckig, vollkommen symmetrisch gebaut, und es steht nicht auf einem Hügel. In der Phantasie des Laien hat eine Sternwarte auf jeden Fall ein Rundbau zu sein. Mit einer hübschen Kuppel. So eine gibt es auch in Bonn, und die steht genau neben dem eingangs beschriebenen Bau, bei dem es sich sehr wohl um eine Sternwarte handelt. Sie ist nach Friedrich Wilhelm August Argelander benannt.

Argelander kam 1837 nach Bonn. Die Preußen ließen sich die Berufung des renommierten Astronomen etwas kosten, und zwar nicht weniger als den Bau einer auf das modernste ausgestatteten Sternwarte. Das war Argelanders Bedingung gewesen. Er wusste offenbar, was er wert war. Mit der Planung wurde Preußens damaliger »Stararchitekt« Karl Friedrich Schinkel beauftragt. Im Frühjahr 1852 begann Argelander in »seiner« Sternwarte mit einem Projekt, das als eines der wichtigsten in die Geschichte der Astronomie eingehen sollte: der Bonner Durchmusterung. Die akribische Bestimmung von Position und Helligkeit von 324.198 Sternen, die der Star-Astronom und seine Mitarbeiter bis 1862 vornahmen, und der daraus resultierende »Katalog« galten noch Jahrzehnte nach Argelanders Tod im Jahre 1875 als verbindlich und werden noch heute aufgrund ihrer Präzision zu Vergleichszwecken herangezogen.

Der »Volkssternwarte Bonn e. V.« ist seit 1975 im großen Refraktorium des Kuppelbaus von 1899 neben der Argelander Sternwarte aktiv. Jüngst erwirkte der Verein die Öffnung des Süd-Ost-Turmes der Sternwarte, von dem aus bahnbrechende Beobachtungen durchgeführt wurden, für die Öffentlichkeit.

Als Argelander in Bonn ankam, befand sich die Sternwarte übrigens noch im Bau. Deshalb lebte er vorübergehend im Gartenhaus Peter Joseph Lennés am Alten Zoll und richtete von dort aus sein Fernrohr gen Himmel. Friedrich Wilhelm August Argelanders Grabmal befindet sich nahe der Georgskapelle auf dem Alten Friedof.

Adresse Poppelsdorfer Allee 47, 53115 Bonn (Südstadt), www.volkssternwarte-bonn.de | ÖPNV Alle Busse, Stadtbahnen und U-Bahnen bis Haltestelle Hauptbahnhof. Von dort aus sind es 10 Minuten zu Fuß bis zur Sternwarte. | Öffnungszeiten Fachkundige Mitglieder des Volkssternwarte Bonn e. V. trifft man jeden Montag von 18–19 Uhr an. Termine für öffentliche Sternenbeobachtungen stehen auf der Webseite. | Tipp Die Fußgängerunterführung von der Poppelsdorfer Allee zum Kaiserplatz hat mit ihren Mini-Geschäften, wie zum Beispiel dem alteingesessenen Schlüsseldienst, einen ganz unverwechselbaren Flair.

6 Das Arithmeum

Der Chip, gegen den Kasparow verlor

Mit vermeintlich ödem Mathematikunterricht hat das Arithmeum nichts zu tun. Das fängt damit an, dass – kaum vorstellbar, aber wahr – das Rechnen ganz ohne Zahlen begann. Wie das ging, erfährt man im Obergeschoss des 1999 eröffneten Hauses, wo man seinen Rundgang am besten beginnt. Auf dem Weg nach unten, der Schwerkraft und der Chronologie folgend, begegnen einem die wichtigsten Maschinen und Errungenschaften der Geschichte des Rechnens, die dem heutigen Verständnis der Mathematik zugrunde liegen. Beispielsweise die Rechenmaschine von Gottfried Wilhelm Leibniz. Das Museum ließ sie nachbauen, was nicht weniger als zwölf Jahre in Anspruch nahm, und erbrachte anhand des Replikats den Beweis, dass die Maschine funktionierte. Damit verhalf es dem Namensgeber der Hannoveraner Dauerbackwaren zu einem späten Triumph.

Zu den Exponaten, die das Museum zum größten Teil seinem Stifter Prof. Bernhard Korte verdankt, zählt auch eine ENIGMA. Diese Chiffriermaschine wurde, insbesondere im Zweiten Weltkrieg, von den Deutschen zur Verschlüsselung von Nachrichten benutzt. Im gleichen Raum steht die von Herman Hollerith entwickelte Apparatur, die in den USA um 1890 bei einer Volkszählung zum Einsatz kam und bereits die Prinzipien der modernen Datenverarbeitung vorwegnimmt. Der Computerchip, gegen den Schach-Großmeister Garri Kimowitsch Kasparow 1996 verlor, wurde vom Forschungsinstitut für »Diskrete Mathematik« entwickelt, in dessen Gebäude sich das Museum befindet. Er ist in der Abteilung »Rechnen heute« zu sehen, wo praktische Anwendungen veranschaulichen, wie die Diskrete Mathematik im Alltag zum Einsatz kommt.

Alles, was mit dem Symbol einer blauen Hand gekennzeichnet ist, darf übrigens angefasst und ausprobiert werden. Bedienungsanleitungen liegen aus. So kann man das Museum zwar gut alleine erkunden, sehr zu empfehlen sind aber auch die öffentlichen Führungen.

Adresse Lennéstraße 2, 53113 Bonn (Zentrum), Tel. 0228/738790, www.arithmeum.uni-bonn.de | **ÖPNV** U-Bahn 16, 63, 66, 67, 68, Haltestelle Universität/Markt; alle Busse und Straßenbahnen bis Hauptbahnhof | **Öffnungszeiten** Di–So 11–18 Uhr; öffentliche Führungen durch das Museum: So 11 Uhr; Führungen zu den Ausstellungen: So 15 Uhr | **Tipp** Im Museum gibt es auch Wechselausstellungen mit Bildern wichtiger Vertreter der geometrisch-konstruktiven Kunst. In Sichtweite des Arithmeums liegt das akademische Kunstmuseum der Universität.

7 Die Artothek

Leihen statt besitzen

Nicht immer muss man Kunst kaufen, wenn man sie sich über die eigene Couch hängen will. Die Artothek des Bonner Kunstvereins verleiht seit 1987 Werke namhafter Künstler, und das zu Konditionen, die es jedem ermöglichen, auf Zeit in den Genuss hochwertiger zeitgenössischer Kunst zu kommen. Die Artothek ist Teil des Bonner Kunstvereins. Man kann den Besuch also gleich mit einer Stippvisite im Ausstellungsbereich verbinden. Auch das einladende Café ist einen Besuch wert. Kunstzeitschriften, die in der Regel nicht gerade billig sind, können hier kostenlos gelesen werden.

Aber eigentlich geht es ja ums Leihen. Dazu muss man zunächst aus den etwa 1.400 Werken zeitgenössischer Druckgrafik, Fotografie, Zeichnung oder Malerei auswählen. Die Bonner Artothek ist damit, nebenbei gesagt, eine der umfangreichsten Bilderleihen in Deutschland. Anstatt Listen zu wälzen, kann man alle verfügbaren Werke vor Ort ansehen. Sie hängen an verschiebbaren Wänden, wie in einem Archiv. Nur schöner. Man schiebt und schaut, bis einem etwas gefällt. Dann wird das Objekt fachmännisch verpackt, und man kann es sofort mitnehmen.

Die Idee hinter der Leihkunst ist die Demokratisierung der Kunstrezeption. Die Auseinandersetzung mit den wichtigen Kunstströmungen der Gegenwart soll allen ermöglicht werden. Ob man sich tiefer gehend für Kunst interessiert oder sich ein Bild »lediglich« zu dekorativen Zwecken ausleiht, ist dabei vollkommen zweitrangig. Manche tun es, um dann Freunde zur eigenen kleinen »Vernissage« nach Hause einzuladen. Andere gönnen sich das Vergnügen ganz privat.

Und die Kosten? Für einen geringen Jahresbeitrag wird man Mitglied bei der Artothek. Jedes Werk kann man, unabhängig von Größe und Wert, für zwei Monate zu einer festgesetzten Leihgebühr mitnehmen. Sollte einem etwas besonders gut gefallen, kann man die Leihfrist bis auf sechs Monate verlängern.

Adresse Hochstadenring 22, 53119 Bonn (Nord), Tel. 0228/693936 | **ÖPNV** Bus SB60, 604, 605, Haltestelle Frankenbad/Kunstverein | **Öffnungszeiten** der Artothek: Mi, Fr 14–17 Uhr; Do 14–19 Uhr; Sa 11–13 Uhr | **Tipp** Die ehemalige »Blumenhalle« am Hochstadenring 22 ist auch die Heimat des Künstlerforums und der Gesellschaft für Kunst und Gestaltung, die man besuchen sollte, wenn man dort ist.

8 Die Auferstehungskirche

Architektonischer Augenschmaus am Venusberg

Der Bau von Denis Boniver steht in der Tradition eines der wichtigsten Kirchenarchitekten der Neuzeit, Otto Bartning. Dieser baute vor dem Ersten Weltkrieg 17 evangelische Kirchen in den überwiegend katholischen Donauländern, die sogenannten Diasporakirchen. Ab 1912 gehörte er dem Deutschen Werkbund an. Zusammen mit Walter Gropius begründete er die Bauhaus-Idee. Auch in Bonn steht ein Kirchenbau von ihm, die evangelische Christuskirche in Plittersdorf, die 1953 eingeweiht wurde.

Die Einweihung der Auferstehungskirche fand vier Jahre später statt, und die Einflüsse von Otto Bartning sind bei Bonivers Bau offensichtlich. Sein Entwurf folgt der Idee der Einheit des Raumes in einem Zentralbau mit kreisförmigem Grundriss, eine deutliche Reminiszenz an die Auferstehungskirche in Essen (Bartning, 1929/30). Von außen wirkt der zweistufige Bau zugleich bescheiden und erhaben. Das Auge orientiert sich an der klaren und prägnanten Silhouette. Der über dem Eingang aufgesetzte Glockenstuhl für vier Glocken erscheint dem Betrachter wie ein drittes Geschoss. Es wird gekrönt von einem einfachen Betonkreuz. Die schlichte Bauform antizipiert das Innere der Kirche, in das der Besucher durch drei Doppelflügeltüren gelangt. Die Ausschmückung des Gotteshauses ist bewusst sparsam gehalten. Altar, Kanzel und Taufstein sind aus Muschelkalk. Rechts vom Altar führt eine Treppe zu einer massigen, eckigen Kanzel. Ihre Form und Wuchtigkeit setzen einen Kontrapunkt in dem runden, harmonischen Bau. Die auf einer den ganzen Raum umlaufenden Empore stehende Orgel wurde erst im Jahre 1963 eingebaut. Sie stammt, wie so viele Orgeln in den Bonner Kirchen, aus der berühmten Orgelbauanstalt Johannes Klais.

Denis Boniver war als Architekt nach 1945 maßgeblich an der Wiederherstellung und dem Neubau zahlreicher Kirchen beteiligt. Der bedeutendste von ihm geschaffene Profanbau ist das Neue Rathaus in Düren (1955).

Adresse Haager Weg 71, 53127 Bonn (Venusberg), Tel. 0228/281321 | ÖPNV Bus 600, 602, 630, Haltestelle Saalestraße | Öffnungszeiten Mo–Fr von 9 Uhr bis zum Einbruch der Dunkelheit, maximal aber bis 18 Uhr. Die Gottesdienste sind sonntags um 10 Uhr. | Tipp Vom Haager Weg aus gibt es zahlreiche Möglichkeiten, eine Wanderung in den Kottenforst zu beginnen. Richtung Südosten gibt es »Wald satt«.

9 Die B 9

Ein Königsweg durch Bonns »Mitte«

Teile der heutigen Bundesstraße 9 gehen als Verkehrsweg bis auf die Römerzeit zurück. Eine Via Regia verband als damals wichtigste Hauptstraße in West-Ost-Richtung das Rhein-Main-Gebiet mit Aachen.

In Bonn beginnt die B 9 am Bertha-von-Suttner-Platz und führt in südlicher Richtung nach Bad Godesberg. Auffälligstes Artefakt aus der Zeit der Römer ist die Badeanlage (siehe Seite 180) nahe des Koblenzer Tors. Die B 9 heißt hier Adenauerallee.

Wo sich die Reuterstraße zur B 9 gesellt, steht man am Bundeskanzlerplatz, den Konrad Adenauers Kopf (überdimensional groß und in Bronze) vor dem ehemaligen Bundeskanzleramt ziert. Genau hier befindet sich seit der Kommunalreform von 1969, der »Lex Bonn«, der geografische Mittelpunkt der Stadt. Etwas zurück versetzt ragt das Bonn-Center empor. Ein Verkehrsschild in diesem Abschnitt führt bei Ortsfremden regelmäßig zu Verwirrung und lässt sie unfreiwillig die Reuterbrücke kennenlernen, denn es weist sowohl »Bonn-Center« aus als auch »Zentrum«. Viele Wege führen nach Rom.

Spätestens ab der Friedrich-Ebert-Allee trägt die B 9 den Beinamen »Diplomatenrennbahn«, der auf die Zeit zurückgeht, in der die Herren mit dem CD (Corps Diplomatique) im Nummernschild ihre bereiften exterritorialen Gebiete mit gesetzesverachtender Geschwindigkeit Richtung Bad Godesberg lenkten. – Hoffentlich im Rahmen der erlaubten Höchstgeschwindigkeit erreicht man danach die Godesberger Allee, die in den »Tunnel Bad Godesberg« abtaucht. Der ist, neben seiner eigentlichen Funktion, einer der letzten von der Bundesregierung finanzierten Zivilschutzbunker. Seit Ende des Kalten Krieges wird zurückgebaut. Der Tunnel und die unterirdischen Haltestellen der Stadtbahn ab der Haltestelle Wurzerstraße – ebenfalls mit Blick auf den Zivilschutz in Doppelfunktion angelegt – werden bald nur noch das sein, was sie zu sein scheinen.

Adresse Beginn am Bertha-von-Suttner-Platz, 53111 Bonn (Zentrum) | **ÖPNV** Zum Bertha-von-Suttner-Platz mit den Bussen 600, 602, 608, 609 oder den Straßenbahnlinien 62 und 66; entlang der B 9 fahren die U-Bahnen 16 und 63 Richtung Bad Godesberg. | **Tipp** Außer der Römischen Badeanlage werden in diesem Buch noch einige weitere Orte vorgestellt, die sich unmittelbar an der B 9 befinden. Also: Buch zur Hand nehmen und die B 9 entdecken.

10 Der Ballpark

Baseball und Burger in der Rheinaue

Ganz nach amerikanischer Gepflogenheit dröhnt beim Spiel der Bonn Capitals populäre Rock- und Countrymusik aus Trichterlautsprechern. In der Luft hängt der Duft von Grillgut. Der Ballpark der Capitals, der aus vier Plätzen besteht und deshalb auch liebevoll »Kleeblatt« genannt wird, ist ein kleines Stück »US of A« am Rande der Rheinaue. Amerikaner, die auf ihren geliebten Nationalsport fern der Heimat nicht verzichten wollten, nahmen hier einst den Spielbetrieb auf. 1989 wurde dann der »1. Baseballclub Bonn Capitals e. V.« gegründet, und seitdem spielt die erste Mannschaft in der obersten Baseball-Liga mit.

Baseball-Fans lieben Statistiken. Das Zählen von allen möglichen Ereignissen auf dem Feld gehört für sie unbedingt zum Vergnügen dazu. Neulinge fragen sich hingegen schon mal, was eigentlich gerade passiert.

Der oft angeführte Vergleich mit dem Schulsport »Brennball« ist leider nicht ganz zutreffend und führt nicht zum tieferen Verständnis von Baseball. Die Regeln sind zwar ähnlich, es gibt beim Baseball aber so viele Ausnahmen und Sonderfälle, dass man leicht den Überblick verliert. Dadurch sollte man sich den Spaß an dem Spektakel aber nicht nehmen lassen. Die Fans der Capitals helfen gerne durch den Dschungel des Regelwerks.

Bei Ligaspielen, bei denen immer zwei Matches hintereinander ausgetragen werden, hat man immerhin etwa fünf Stunden Zeit, sich mit dem Geschehen vertraut zu machen. Die Spieltermine und Trainingszeiten erfährt man über die Webseite. Bei Regen braucht man sich nicht auf den Weg ins Stadion zu machen, denn die Beschaffenheit der Spielgeräte und die zu große Rutschgefahr verhindern eine Austragung bei allzu miesem Wetter. Baseball gilt in den USA immer noch als Nationalsport, doch Softball ist dort heute verbreiteter. Den spielt man bei den Capitals auch. Spielfeld und Regeln unterscheiden sich nur marginal.

Adresse Martin-Luther-King-Straße 36, 53175 Bonn (Plittersdorf), www.capitals.de | ÖPNV Busse 610, 611, Haltestelle Volksbankhaus; Stadtbahn 66, Haltestelle Rheinaue | Tipp In den Sommerferien werden bei den Capitals mehrtägige Sommercamps angeboten. Ideal für Kinder und Jugendliche, die mal reinschnuppern wollen.

11 Das Basecamp Hostel

Jugendherberge reloaded

Vor einer Halle in Kessenich steht ein Liegewagen von der Sorte, die früher zum Nonplusultra der Bequemlichkeit in Sachen Bahnreisen gehörten. Eine noch luxuriösere Variante, in der einst sogar Politprominenz reiste, ragt zu einem Drittel aus der Halle heraus. Tritt man ein, fällt der sprichwörtliche Groschen: Das Basecamp Hostel ist ein Indoor-Campingplatz mit »Zuganbindung«.

Schon vor der offiziellen Eröffnung im Juni 2013 überschlug sich die Berichterstattung. Fast täglich gab es etwas zu vermelden, denn immer neue Vehikel, die mittlerweile das außergewöhnlichste Hostel Bonns bestücken, trafen nach und nach ein. Darunter uramerikanische Ikonen wie ein gelber Schulbus – der zu einem Imbisswagen umfunktioniert wurde – und ein silbern glänzender Airstreamer. Sie komplettieren den illustren Fuhrpark kleinerer Wohnwagen, die zu Mottowagen umgestaltet sind. Die Themen sind so vielfältig wie phantasiereich. Rock 'n' Roll, Trabant, Jägerzaun-Idylle oder laszive Liebeshöhle (Modell »Drag Queen« inklusive Handschellen!): Nur Etagenbetten und Jugendherbergs-Muff müssen leider draußen bleiben.

Das Hostel wird überwiegend von jüngeren Globetrottern oder Gruppenreisenden genutzt, die sich anlässlich eines Schulausflugs oder einer (Achtung, Neudeutsch) »Convention« in Bonn aufhalten und von hier aus bequem Tagesausflüge starten können. Um den Bedürfnissen der Jugendlichen gerecht zu werden, wurden eigens zusätzliche Steckdosen in den Spinden angebracht. Zum Aufladen der Handy-Akkus.

Man muss aber keinesfalls U-20 sein, um hier zu übernachten. Wer nicht soziophob veranlagt ist und einmal eine Nacht in besonderem, aber erschwinglichem Ambiente verbringen möchte, sollte das Basecamp ausprobieren. Die Wohnwagen und die Plätze in den Liegewagen sind individuell buchbar. Einfach mal anschauen ist selbstverständlich erlaubt und kostet bekanntlich nichts.

Adresse In der Raste 1, 53129 Bonn (Kessenich), Tel. 0228/93494955, www.basecamp-bonn.de | ÖPNV Bus 630, Haltestelle In der Raste | Tipp Ebenfalls preisgünstige Alternativen zur Übernachtung bieten sich Durchreisenden in Bonn mit der Jugendherberge Bonn am Haager Weg 42 oder dem beliebten Max Hostel in der Maxstraße 7, inmitten der Altstadt.

12 Die Bonner Basis von 1847

Das technikgeschichtliche Denkmal an der Kölnstraße

Die Bonner Basis von 1847 ist einerseits eine komplizierte Angelegenheit, andererseits aber auch wieder ganz einfach, denn im Grunde ging es nur darum, eine Strecke von 2.134 Metern so präzise wie möglich zu vermessen. Das tat Herr Johann Jacob Baeyer (1794–1885) im besagten Jahr und legte damit die »Basis« für das Rheinische Dreiecksnetz. Dieses reichte von Aachen bis Zürich und diente zur Bestimmung der Erdfigur sowie für Grundstücksvermessungen. Im Raum Bonn erfolgten damit 1877/78 großflächige Katastervermessungen.

Baeyer suchte eine möglichst ebene Strecke und fand diese entlang der Kölnstraße, wo er einen Anfangspunkt (Punkt A: Kölnstraße, Höhe Friedlandstraße), einen Endpunkt (Punkt C: Kölnstraße, am Josephinum) sowie einen Brechpunkt (Punkt B: genau in der Mitte zwischen A und C) festlegte. Dann wurde auf den Millimeter genau gemessen. Da man Positionen im Gradnetz der Erde früher anhand der Position der Sterne verankerte, war die Nähe zu Bonn und damit zu Friedrich Wilhelm August Argelander und seiner Sternwarte (siehe Seite 18) sehr hilfreich. Wenn sich damals jemand mit Sternen auskannte, dann Argelander.

Die Standorte der Postamente, die zum Einfluchten der Messstangen verwendet wurden, hat man 1980 durch gusseiserne Platten mit der Aufschrift »Basis Bonn 1847« und einer kurzen Erklärung gekennzeichnet. Die für die astronomische Bestimmung außerdem benötigte Meridianmarke befindet sich auf dem Venusberg und ist ebenfalls mit einer Platte markiert.

Die Bonner Basis von 1847 ist eine geodätisch bedeutsame Leistung und ein technikgeschichtliches Denkmal. Die gusseisernen Tischchen an den Punkten A und C liegen direkt am Radweg an der Kölnstraße (Westseite) und sind nicht zu übersehen. Auf den Brechpunkt weist lediglich ein Gullydeckel (etwa mittlere Höhe Nordfriedhof) hin. Nicht so spannend, aber der Vollständigkeit halber erwähnt.

Adresse Punkt A: Kölnstraße, Ecke Friedlandstraße, 53117 Bonn (Buschdorf); Punkt C: Kölnstraße, Ecke Am Josephinum, 53117 Bonn (Nord) | ÖPNV Punkt A: Bus 630, Haltestelle Friedlandstraße; Punkt C: Bus 604, 605, Haltestelle Josephinum | Tipp Um Buschdorf herum gibt es ganz wunderbare Rad- und Wanderwege. Die Kölnstraße wird stadtauswärts zusehends ländlich und ist bei Buschdorf von Weizenfeldern und Obstplantagen gesäumt.

13 Der Bonner Comic Laden

Eine Lanze für die neunte Kunst

Wer Comics liebt, dem braucht man den Bonner Comic Laden nicht extra zu empfehlen. Die Stadt hat mit diesem Geschäft ein Alleinstellungsmerkmal, denn man muss schon sehr weit fahren, um etwas annähernd Vergleichbares zu finden. Die »sehr spezialisierte Buchhandlung«, wie sich der Laden selbst gern bezeichnet, unterscheidet sich kaum von einer herkömmlichen Buchhandlung. Jedenfalls stehen hier keine Pappkisten mit abgegriffenen Heftchen herum, wie mancher vermuten könnte. Stattdessen werden Graphic Novels übersichtlich in Auslagen und Regalen präsentiert und als das behandelt, was sie sind: eine ernst zu nehmende Kunstform, die längst das Image von Groschenheftchen abgelegt hat.

Nichts ist zu speziell, als dass man es hier nicht bekommen könnte, insofern erübrigt sich eine Aufzählung. Die Betreiber sind Affectionados, die es als Selbstverständlichkeit betrachten, dass das Sortiment alle aktuellen Publikationen abdeckt, und die auch nicht davor zurückschrecken, ausgesprochen bibliophile Werke in den Laden zu stellen. Man sollte sich also keinesfalls wundern, wenn man hier plötzlich Ausgaben in der Hand hält, von denen man nie gedacht hätte, sie überhaupt zu Gesicht zu bekommen. Das ist hier ganz normal. Im Übrigen kann man sich auch bezüglich intimster Wünsche an die kompetenten Mitarbeiter wenden, die über ein seltenes Organ verfügen: ein offenes Ohr.

Ähnlich umfangreich wie im Printsegment ist die Auswahl im ersten Stock, wo man sich in der Abteilung Games & More mit allem versorgen kann, was zum großen Bereich Brett- und Fantasyspiel so dazugehört. Hier kann man sich außerdem mit anderen zum Spielen treffen.

Liebhaber und Sammler, aber auch diejenigen, die noch keine Fans der »neunten Kunst« sind und sich vielleicht erst mal einen Überblick verschaffen möchten, sind im Bonner Comic Laden definitiv an der richtigen Adresse. Erst mal gucken kostet ja nichts.

Adresse Oxfordstraße 17, 53111 Bonn (Zentrum), Tel. 0228/550820, www.comicshop.de | **ÖPNV** alle Busse und Straßenbahnen bis Bertha-von-Suttner-Platz/Beethovenhaus | **Öffnungszeiten** Mo–Sa 10–19 Uhr | **Tipp** Im Laden gibt es regelmäßig Signierstunden mit bekannten Zeichnern. Die Termine stehen auf der Webseite. 50 Meter vom Comic Laden entfernt (Wilhelmstraße 9) betreibt der berühmte Puppendoktor Thomas Dahl sein Geschäft.

14 Das Brückengeländer

Aus eins mach fünf

Vom »einzigen erhaltenen Teil der alten Rheinbrücke« ist immer die Rede, wenn es um das 1,70 mal 1,10 Meter große Metallgeländer geht, das man in Beuel als Teil eines Gartentörchens bewundern kann.

Die Geschichte der Brüder Wollersheim, die dahintersteckt, geht so: Nachdem die Wehrmacht die alte Rheinbrücke am 8. März 1945, zwei Monate vor dem Ende des Zweiten Weltkriegs, gesprengt hatte, war von ihr zwar noch viel zu sehen, aber nicht mehr viel zu gebrauchen. Die einrückenden Engländer begannen mit der Verschrottung der Brückenreste. Dass es dabei drunter und drüber ging, lässt sich erstens denken und zweitens an der Geschichte um die verschwundene Caesar-Statue ablesen (siehe Seite 44). Jedenfalls machten sich die Brüder eines Nachts mit einer Schubkarre auf den Weg, um ein besonders schönes Stück des Brückengeländers für die Nachwelt zu retten, was ihnen auch gelang. Der Kunstschmied Karl König baute es 1963 in das Gartentörchen ein, und man brachte eine Bronzetafel an, um an das Ereignis zu erinnern.

Tatsächlich finden sich in Bonn an mindestens vier weiteren Orten Teile des Geländers der alten Rheinbrücke. So an der Wachsbleiche, wo sie zu einem Geländer an einem Treppenaufgang umfunktioniert wurden. Die Treppe befindet sich direkt gegenüber des Künstlereingangs der Beethovenhalle. Ein weiteres Stück fand den Weg in die Gertrudis-Hauskapelle im Frauenmuseum (siehe Seite 82), wo es die Sammlung ergänzt, die Curt Delander zur Geschichte der Gertrudis-Kirche und Alt-Bonns zusammengetragen hat. Teil Nummer vier befindet sich im Heimatmuseum Beuel, und das fünfte Stück wurde an einer kleinen Brücke an der Bornheimer Straße verbaut. Zu beiden Seiten der Straße ziert das altehrwürdige und kunstvoll geschmiedete Metall dort das Geländer einer ansonsten schmucklosen und unauffälligen Betonbrücke, die über den Rheindorfer Bach führt.

Adresse Ernst-Moritz-Arndt-Straße 10, 53225 Bonn (Beuel) | **ÖPNV** Bus 607, Haltestelle Eichendorffstraße | **Tipp** Die Rosenstraße, zu der die Treppe von der Wachsbleiche hinaufführt, ist eine der bezauberndsten Straßen Bonns. Wenn man schon mal da ist, sollte man sie sich ansehen.

15 Der Bücherkarren

Das Antiquariat Hegner am Kaiserplatz

Ein Eis, ein Brunnen, ein Buch. Was braucht man im Sommer mehr? Das Eis bekommt man in der italienischen Eisdiele ohne Namen neben der Kaiser-Apotheke, der Brunnen steht hier sowieso, und ein Buch, oder auch zwei, gibt es beim Bücherkarren, einer Institution unter den Bonner Antiquariaten und ein Stück Stadtmöblierung, das man sich gar nicht mehr wegdenken will. Wer nur kurz in Bonn ist, kann allerdings leicht zu der Auffassung kommen, dass diese etwas skurril wirkende »Bücherbude« nie geöffnet hat. Was natürlich nicht stimmt. Es gibt sogar feste Öffnungszeiten. Nur im Winter oder wenn es einfach zu »usselig« draußen ist, dann ist eben zu, und man muss noch mal wiederkommen.

Die Geschichte des Buchhandels an diesem Ort lässt sich konkret bis in die 50er Jahre zurückverfolgen, kam aber vermutlich bereits schon kurz nach dem Krieg in Schwung, denn Bücher wurden hier am Kaiserplatz »schon immer hin- und hergeschoben«, sagt Frau Hegner, die seit 1989 den Bücherkarren führt. Früher waren es tatsächlich Pritschenwagen, auf denen die Bücher zum Kaiserplatz gekarrt wurden und die gleichzeitig als Auslage dienten. Später rollten die Händler dann mit Auto und Anhänger an. 1971 wurden zwei der alten Pritschenwagen mit der Holzkonstruktion umbaut, die heute noch hier als Bücherkarren (wie das Geschäft wirklich ganz offiziell heißt) steht. Die Wagen kann man noch sehen, wenn man sich bückt.

Eigentlich gab es immer mehrere Antiquariate hier. Der letzte Konkurrent, dessen vernagelte Bude noch ganz in der Nähe steht, machte aber 2011 dicht, der davor so um 2008 herum. Frau Hegner sieht das nicht ohne Bedauern. Das Angebot des Bücherkarrens ist bunt gemischt mit einem Schwerpunkt auf akademischer Literatur. Aber auch Krimis, Klassiker, Foto- und Kunstbücher und eine erkleckliche Anzahl von Büchern in Originalsprache sind zu haben. Und das für meist sehr kleines Geld.

Adresse am Kaiserplatz gegenüber der Kaiser-Apotheke, 53113 Bonn (Zentrum) | **ÖPNV** U-Bahn 16, 63, 66, 67, 68, Haltestelle Universität/Markt | **Öffnungszeiten** Mo–Fr 10–18 Uhr, Sa 10–17 Uhr | **Tipp** Kurios: Im Biergarten des Günnewig Hotels am Kaiserplatz versteckt sich eine überlebensgroße Kaiser-Wilhelm-Statue. Der Monarch gab dem Platz seinen Namen, aber ganz so wohlgelitten wie früher ist er hier wohl nicht mehr.

16 Die Bücherzelle

Lesen statt reden – Bücher aus der Telefonzelle

In Nordrhein-Westfalen stehen heute mit mehr als 70 Bücherboxen im Bundesvergleich mit Abstand die meisten »Mini-Bibliotheken«. Neun davon alleine in Bonn. Die älteste, seit zehn Jahren in Betrieb, befindet sich an der Poppelsdorfer Allee. Rechtsrheinisch findet man nahe der Kennedybrücke und am Bonner Bogen jeweils einen der aparten Stahl-Glas-Schränke des Modells BOKX 01. Hier bedient sich, wer sich irgendwo dazwischen auf einer der Rheinwiesen bei einem guten Buch entspannen will. Bei Nichtgefallen kann man es ja einfach zurückstellen und sich ein anderes aussuchen.

In der Innenstadt sticht die Bücherbox an der Adenauerallee ins Auge. Jedenfalls dem, der die knallrote, typisch englische Telefonzelle als Bücherbox erkennt. Lange diente das Geschenk der Partnerstadt Oxford an Bonn als »echte« Telefonzelle, bis der Fernsprecher irgendwann ausgebaut und das Häuschen damit zur Stadtmöblierung degradiert wurde.

Mit Hilfe des Bonner Oxford-Clubs und lokaler Handwerksbetriebe wurde die Telefonzelle im Jahre 2010 renoviert und den Bürgern zur Verfügung gestellt, die das Objekt umgehend bestückten. Seitdem hat Bonn die erste begehbare »Bücherzelle« Deutschlands. Die einzige ist es nicht mehr, denn mittlerweile haben andere Städte die Idee abgekupfert. Strategisch günstig gelegen, bietet die Bücherzelle den Studenten der praktisch gegenüberliegenden Universität Lesestoff fürs gemütliche Schmökern im Hofgarten. Dass die hier besonders viel Literatur aus »Great Britain« finden, ist nicht der Fall, wäre aber eine nette Reminiszenz an die seit 1947 bestehende Städtepartnerschaft. Eine der längsten zwischen einer deutschen und einer britischen Stadt.

Kleiner Wink mit dem Zaunpfahl an die Stadt: Am Bundeskanzlerplatz steht noch eine der schönen gelben Telefonzellen der ehemaligen Bundespost ungenutzt herum. Ob sich da wohl was machen lässt?

Adresse direkt vor dem Oxford-Club Bonn e. V., Adenauerallee 7, 53111 Bonn (Zentrum) | **ÖPNV** U-Bahn 16, 63, 66, 67, 68, Haltestelle Universität/Markt, ab dort Richtung Rhein am Hofgarten entlang bis zur Adenauerallee | **Tipp** In Bad Godesberg steht die größte Bücherbox Bonns. In der Fußgängerzone am Fuße der City-Terrassen wurde eigens ein begehbarer Pavillon errichtet, um die offenbar sehr ausgeprägte Leselust der Bad Godesberger zu stillen.

17 Die Burg Lede

Ritterlich entspannt im Hier und Jetzt

Der Ursprung des heutigen Namens der Festung ist nicht hinreichend geklärt. Früher nannte man sie auch »Schneckenburg«. Erstmals urkundlich erwähnt wird die älteste noch bewohnte Burg im Raum Bonn im 12. Jahrhundert. Sie war Ritterburg, Adelssitz, Staats- und Stiftseigentum und Unternehmerbesitz. Eugenie Gräfin Berghe von Trips erwarb sie 1928. Deren Sohn Friedrich, ein Onkel der Rennfahrerlegende Wolfgang Graf Berghe von Trips, vererbte das Anwesen 1987 an seinen Großneffen Ferdinand Freiherr von Loë. Der Freiherr hat ein Faible für guten Wein aus dem »alten Europa« und bietet auf der Burg Verkauf und Verkostung an. Das Ambiente ist gediegen, aber nicht überkandidelt. Falscher Historismus ist dem Besitzer sowieso abhold. Der charmante und tiefenentspannte Ferdinand von Loë legt eher Wert auf regionale Identität und Nachhaltigkeit statt auf Adels-Etikette.

In Zukunft soll das Anwesen in deutlich größerem Umfang für die Öffentlichkeit zugänglich gemacht werden. Einen Skulpturengarten auf dem Gelände kann man schon jetzt jederzeit ganz zwanglos besichtigen und dort zwischen Werken durchaus namhafter Künstler lustwandeln. Der trocken liegende Wassergraben der Burg soll irgendwann wieder als solcher fungieren. Durchgehende Gastronomie kann man auf Lede nicht erwarten, von Mai bis Oktober gibt es aber eine Straußenwirtschaft mit festen Öffnungszeiten.

Die Landschaft um Vilich lädt zu Radtouren ein. Es liegt also nahe, an der Burg einen Zwischenstopp zu machen und sich zu erfrischen. Wenn das Wetter dafür nicht taugt oder man lieber lukullisch schwelgt, statt Kalorien abzustrampeln, meldet man sich zu einer Weinverkostung an oder zu einem der hier unter dem Motto »Kochen mit Freunden« stattfindenden Kochkurse. Vielleicht hat man auch das Glück, zu einer Hochzeit eingeladen zu werden, denn geheiratet wird auf der Burg immer mal wieder.

Adresse An der Burg Lede 1, 53225 Bonn (Vilich), Tel. 0228/97463740, www.geburgenheit.de | ÖPNV Stadtbahn 66, 67, Haltestelle Vilich | Öffnungszeiten Das Gelände kann man jederzeit betreten. Ab etwa 13 Uhr ist der Hausherr anzutreffen. Veranstaltungstermine und Öffnungszeiten der Straußenwirtschaft findet man auf der Homepage. | Tipp Radelt man den Rheindeich entlang, stößt man dort unweigerlich auf den Vilicher Bach. Wenn man ihm folgt, kommt man an der Burg Lede vorbei. Ein Rundgang durch Vilich bietet sich an.

18 Die Caesar-Statue

»Ich blieve hee«

Die Bonner haben sie verloren, und ausgerechnet die Beueler haben sie gefunden. Irgendwie kam die Statue, die den römischen Feldherren darstellt, nach der Zerstörung der Rheinbrücke abhanden. Seit der Einweihung der Brücke hatte sie dort, linksrheinisch, eingebunden in einen der mächtigen Torbögen, gestanden. Nach dem Krieg aber ward die Statue nicht mehr gesehen. Man, das heißt der Denkmal- und Geschichtsverein Bonn-Rechtsrheinisch, fand sie schließlich Anfang der 70er Jahre in einem städtischen Bauhof. Da sie stark beschädigt war, wurde sie zunächst restauriert und bekam dann einen Platz im Gartenhof des Mehlem'schen Hauses in Beuel. 1989, anlässlich der 2000-Jahr-Feier Bonns, spendierte man ihr einen neuen Sockel und stellte sie am Rheindeich in Schwarzrheindorf auf. Als Erinnerung daran, dass auch die rechte Rheinseite einst zum römischen Militärterritorium Bonns gehörte.

Bis 2010 hat sich darüber auch niemand beschwert. Erst als der Deich in Schwarzrheindorf eine Sanierung nötig hatte und die Statue vorübergehend in einem privaten Garten untergebracht wurde, sollte sie mit Billigung der Bezirksvertretung und Verwaltung wieder am ursprünglichen Standort aufgestellt werden. Die Schwarzrheindorfer liefen Sturm gegen den Antrag, und schließlich kam das Denkmal wieder auf den Deich. Seitdem wendet Caesar demonstrativ seinen Blick auf die Schwarzrheindorfer Doppelkirche und Bonn den Rücken zu.

Die Sache bot mal wieder Stoff für Zoff im ewigen Gerangel zwischen dem linksrheinischen Teil Bonns und der »Schäl Sick«, welche im Karneval 2013 den Pontifex Maximus persönlich dazu Stellung beziehen ließ. Das Motto eines Wagens mit der Figur Caesars lautete: »Ich blieve hee«. Und warum gerade Caesar? Er soll es gewesen sein, der irgendwo hier die allererste Rheinbrücke bauen ließ. Man geht heute allerdings davon aus, dass es eher bei Neuwied war als bei Bonn.

Adresse Rheindeich, Ende Arnoldstraße, 53225 Bonn (Schwarzrheindorf) | **ÖPNV** Bus 550, 640 vom Konrad-Adenauer-Platz in Beuel nach Schwarzrheindorf, Haltestelle Schwarzrheindorf Schule | **Tipp** Die Doppelkirche St. Maria und Clemens in Schwarzrheindorf ist eine der bedeutendsten romanischen Kirchen in Deutschland. Vom Denkmal aus kann man sie schon sehen.

19 Das Chinaschiff

Von der Autofähre zum schwimmenden Restaurant

Auf Beueler Rheinseite, direkt an der Kennedybrücke, liegt ein Schiff mit ausladenden Aufbauten am Kai. Seine Beleuchtung, die allabendlich eingeschaltet wird, wäre mit »farbenfroh« nur unzureichend beschrieben und trägt maßgeblich zum Gelingen mancher Nachtaufnahme bei. Der Bonner neigt dazu, das schwimmende Restaurant »Ocean Paradise« als Selbstverständlichkeit zu betrachten, selbst wenn er nie oder selten dort gespeist hat. Das »Chinaschiff« ist ein ebenso fester wie gerne gesehener exotischer Bestandteil der Kulisse an der Rheinbrücke.

Gedankt hat man dem Betreiber die Bemühungen um die optische Aufwertung des Kais bisher kaum. Im Gegenteil. Noch bis 2012 konnte man gegen einen geringen Zuschlag mit dem Chinaschiff von Beuel bis zum Bundeshaus und zurück fahren, während man sich sein Gericht Nr. 32, »Schätze des Meeres«, servieren ließ, doch EU-Recht untersagt mittlerweile das Auslaufen.

Die »Ocean Paradise«, die einst eine Autofähre war und unter dem Namen »Königswinter II« ihren Dienst versah, hat eine bewegte Geschichte. Im Zweiten Weltkrieg schwer beschädigt, wurde das Schiff erst 1987 wieder flottgemacht und zu dem umgebaut, was es heute ist.

An Bord erwartet einen auf drei Stockwerken die exquisite Künstlichkeit eines Chinarestaurants. Bei gutem Wetter sitzt man auf dem Oberdeck, von wo aus man einen schönen Panoramablick und die Kennybrücke direkt vor der Nase hat. Da bereits ab mittags geöffnet ist, ist das Oberdeck auch eine willkommene Alternative zu den umliegenden Biergärten. Wetterunabhängig und etwas privater sitzt man an einem der runden Tische am Bug des Chinaschiffs, die es auf zwei Decks gibt. Empfehlenswert, wenn man mit einer kleinen Gesellschaft diniert. Ansonsten ist die Rheinseite, von der aus man den Schiffsverkehr beobachten kann und hinüber zur Oper blickt, attraktiver als die Uferseite. Reservieren ist immer gut.

Adresse Hans-Steger-Ufer 10, 53225 Bonn (Beuel), Tel. 0228/9763988, www.chinaschiff.de | ÖPNV alle Stadtbahnen und Busse bis Haltestelle Konrad-Adenauer-Platz | Öffnungszeiten Mo–Fr 11.30–15 Uhr und 17.30–23 Uhr, Sa, So und Feiertage 11.30–23 Uhr | Tipp Wenn man von der Bonner Seite kommt, ist die Doppelpassage »Rheinnixe-Chinaschiff« unschlagbar. Wer gerne kulinarische Vergleiche anstellt, probiert das Restaurant »Chinesische Mauer« aus. Es befindet sich keine 300 Meter weit entfernt landeinwärts (Hermannstraße 2).

20 Der Club Galicia de Bonn

España im Industriegebiet

Spanische Kulturvereine gelten gemeinhin als Geheimtipp für Freunde regionaler südländischer Küche. Der spanische Kulturverein Club Galicia de Bonn macht hier keine Ausnahme. Die Kombination aus Kulturverein und Restaurantbetrieb hat sich allgemein bewährt, und man findet sie inzwischen in vielen Städten, denn nichts trägt mehr zur Völkerverständigung bei als eine gute, gemeinsam genossene Mahlzeit.

Bevor es zur Verständigung kommt, muss man den Club Galicia aber erst einmal finden. Angesichts der Industriehallen entlang der Südstraße fragt man sich schon, ob man hier richtig ist. Ist man. Der Club liegt nicht direkt an der Straße, sondern etwas zurück versetzt und ein wenig versteckt hinter einer Döner-Station.

Schon beim Eintreten fällt auf: Im Gegensatz zu herkömmlichen Restaurants sitzen hier alle »an einem Tisch«. Laut geht es zu, und die Lebhaftigkeit ist umgehend ansteckend. Die Küche ist bodenständig, die Speisekarte aber nicht weniger umfangreich und ausgefallen als bei manch einem klassischen »Spanier«. Traditionell stark ist man natürlich bei den Tapas und den Fischgerichten. Aber auch alles andere von der Karte kann und sollte man bedenkenlos bestellen.

Im Sommer sitzt man draußen. Der Innenhof bietet einen hervorragenden Blick auf die bereits angesprochenen Industriehallen und ist nur rudimentär aufgehübscht, was äußerst apart wirkt.

Wer nicht nur zum Essen hierherkommt, sondern aktiv werden möchte, dem bietet der Verein verschiedene Kurse. Flamenco tanzen kann man hier, einen Sprachkurs in Spanisch absolvieren oder das traditionelle galicische Klöppeln erlernen. Außerdem sucht der Fußballclub, der sich genauso nennt wie der Verein, noch Freizeit-Kicker. Für alle, die regelmäßig hierherkommen, lohnt es sich, Mitglied im Verein zu werden, denn dann erhält man auf die ohnehin schon günstigen Preise noch mal einen satten Nachlass.

Adresse Südstraße 124, 53175 Bonn (Bad Godesberg-Nord) | **ÖPNV** Bus 612, 614, Haltestelle Hochkreuzallee | **Öffnungszeiten** Di–Fr 17–23 Uhr, Sa 14–24 Uhr, So 11–23 Uhr, telefonische Reservierungen für das Restaurant nur während der Öffnungszeiten | **Tipp** Einen gelungenen Sonntag macht man sich, indem man das Deutsche Museum in der Ahrstraße 45 besucht und den Tag mit einem Essen im Club Galicia ausklingen lässt. Vom Museum aus sind es etwa 30 Minuten zu Fuß bis in die Südstraße.

21 Der Dachgarten der Bundeskunsthalle

Die »Bundesbienen« bekommen Gesellschaft

Die drei kegelförmigen, weithin sichtbaren Lichtschächte auf dem Dach der Bundeskunsthalle sind das Symbol des Hauses, und mancher hat sie schon von unten bewundert, ohne zu wissen, dass man sie auch ganz aus der Nähe betrachten kann. Vom Vorhof des Museums aus führt eine Treppe hinauf.

Das Dach, die »fünfte« Ausstellungsfläche der Bundeskunsthalle, fiel nach anfänglicher regelmäßiger Nutzung in einen Dornröschenschlaf. Seit 2013 wird sie wieder aktiver bespielt. Die vom Architekten Gustav Peichl als Dachgarten und »Raum« für Skulpturen geplante Fläche erstreckt sich über den ganzen quadratischen Gebäudegrundriss, der eine Seitenlänge von 96 Metern hat. Darunter, auf 5.600 Quadratmetern, finden bis zu vier Ausstellungen gleichzeitig statt. Im Sommer gibt es, in der Regel begleitend zu einer der Ausstellungen, auf dem Dachgarten thematische Installationen und eine kleine Außengastronomie. Man kann hier also noch mehr Spannendes sehen oder einfach nach dem Besuch des Museums entspannen und sich bei der Gelegenheit die Lichtschächte einmal genauer betrachten. Die monumentalen Kegel sind selbst als Skulpturen zu verstehen. Ihre blaue Außenhaut besteht aus Majolika-Fliesen, die eigens in Spanien hergestellt wurden. Im Winter (Ende der Herbstferien bis Beginn der Osterferien) bleibt der Dachgarten geschlossen. Im Sommer sollte man ihn deshalb, auch unabhängig von den aktuellen Ausstellungen, so oft wie möglich besuchen.

Bei den »Bundesbienen« handelt es sich um zwölf Bienenvölker, die seit 2010, als sie Teil der Ausstellung »Ornitoport« waren, auf dem Dach der Bundeskunsthalle stehen. Sie werden von einem Imker betreut und produzieren fleißig Honig nach Bioland Richtlinien, der auch im Museumsshop zu kaufen ist.

Adresse Friedrich-Ebert-Allee 4, 53113 Bonn (Gronau), Tel. 0228/9171200, www.bundeskunsthalle.de | ÖPNV U-Bahn 16, 63 und 66, Haltestelle Heussallee/ Museumsmeile | Öffnungszeiten Di und Mi 10–21 Uhr, Do–So und an allen Feiertagen (auch denen, die auf einen Montag fallen) 10–19 Uhr | Tipp Die Bundeskunsthalle liegt an der sogenannten Museumsmeile. Im Nachbargebäude ist das Kunstmuseum Bonn, nebenan das Haus der Geschichte, und ein Stück weiter Richtung Innenstadt, in der Adenauerallee 160, liegt das berühmte Forschungsmuseum Alexander Koenig.

22 Die Deutsche Welle

Die Stimme Deutschlands und der Schürmann-Bau

Der Architekt Joachim Schürmann hatte nicht immer Glück mit seinen in Bonn gebauten Projekten. Der Schürmann-Bau war eigentlich als Bürokomplex für die Abgeordneten des Deutschen Bundestages und deren Mitarbeiter geplant. 1991 kam der Umzugsbeschluss, 1993 wurde der Rohbau durch ein Rheinhochwasser schwer beschädigt. 1994 beschloss man den Weiterbau, der neue Nutzer hieß Deutsche Welle. 2003 zog der deutsche Auslandssender ein. Im Nachhinein doch noch ein Glücksfall für alle Beteiligten.

Die rund 1.100 Beschäftigten, die im Haus arbeiten, profitieren von dem modernen Gebäude, das im Nachgang so weit wie möglich an die Bedürfnisse eines Medienunternehmens angepasst wurde. Dass dabei nicht alle Belange berücksichtigt werden konnten, nimmt man mit rheinischer Gelassenheit, und der Umzug von Köln nach Bonn ist inzwischen, vor allem wegen der sprichwörtlichen Gastfreundschaft der Bonner, längst verschmerzt. Von Bonn aus verbreitet die Deutsche Welle weltweit ihr journalistisches Angebot, jeweils zugeschnitten auf die lokale Infra- und Medienstruktur. Eines der übergeordneten Ziele: durch unabhängige Berichterstattung freie Meinungsbildung fördern.

In den letzten Jahren hat sich viel getan bei dem Sender, der früher vor allem für sein internationales Radioprogramm bekannt war. 2012 wurde das deutschsprachige Kurzwellenprogramm abgeschaltet. Das 1992 eingeführte Auslandsfernsehen, das aus Berlin gesendet wird, und vor allem das seit 1994 bestehende Internet-Angebot sind vielerorts an die Stelle des Hörfunks getreten. Die »mediale Stimme Deutschlands« ist heute, ganz zeitgemäß, multimedial. Mitarbeiter aus 60 Nationen produzieren täglich Angebote in 30 Sprachen. Über das umfangreiche Programm informiert die Internetseite. Besuche im Haus sind möglich, allerdings nur für Gruppen und auf schriftliche Anfrage. Näheres erfährt man beim Besucherservice.

Adresse Kurt-Schumacher-Straße 3, 53113 Bonn (Gronau), www.dw.de, E-Mail (Besucherservice): visitor.service@dw-world.de | **ÖPNV** Bus 610, 611, 630, Haltestelle Deutsche Welle | **Tipp** Einmal im Jahr, am Tag der offenen Tür im ehemaligen Regierungsviertel, ist der Schürmann-Bau für die Öffentlichkeit zugänglich. Drum herum gehen kann man jederzeit und entlang einer kleinen »Kunstroute« geht man unter dem Gebäude hindurch bis zum nahe gelegenen Post Tower.

23 Die »Dicke Eiche«

Aus einem Baumriesen wird ein Altar

Im Winter 2010/2011 fiel die Eiche im Kottenforst unter der Last schweren, nassen Schnees. 300 Jahre stand sie hier. Der Durchmesser des Stamms beträgt mehr als zwei Meter, und sieben Männer waren nötig, um sie ganz zu umfassen.

Jetzt ragt ihr Wurzelwerk in den Himmel. Im unteren Drittel hat man einen mächtigen Block aus dem Stamm geschnitten und die freien Enden aufgebockt. Noch 50 Jahre, so schätzt man, wird der Baum hier so liegen, bis er langsam beginnt zu verrotten. Vielleicht auch länger.

Bevor die Eiche umstürzte, hatte man sie längst als Naturdenkmal klassifiziert. Nun diente das herausgeschnittene Stück dem aus Bad Godesberg stammenden Bildhauer Klaus Simon als Material für einen Altar, einen Ambo (ein Pult für biblische Lesungen), einen Osterleuchter und mehrere Sedilien (Hocker). Diese wurden im Januar 2012 in der Namen-Jesu-Kirche in der Bonngasse aufgestellt, wo sie nun verbleiben werden. So bleibt ein Teil der »Dicken Eiche« erhalten und regt, wenn man den Ursprung kennt, vielleicht zur Meditation über Vergänglichkeit an.

Auf dem Weg zur »Dicken Eiche« begegnen einem noch drei weitere Exemplare der gleichen Gattung. Gegenüber des »Jägerhäuschens«, das Kurfürst Clemens August um 1730 erbauen ließ und als Station für seine Parforce-Jagden nutzte, steht die »Kaisereiche«. Der Monarch (damals noch Prinz Wilhelm von Preußen) pflanzte sie »allerhöchst eigenhändig« hier im Jahre 1879 und ließ einen Stein mit einer Inschrift aufstellen. »Zum Andenken an die in diesem Reviere genossenen Waidmannsfreuden«, heißt es darauf. An der gleichen Weggabelung tat es ihm 25 Jahre später Prinz Friedrich gleich und pflanzte ebenfalls ein Eichenbäumchen. Wann Prinz Oskar das seine danebensetzte, geht aus der Inschrift im Stein neben der dritten Eiche nicht hervor. Dort steht lediglich zu lesen: »Prinz Oskar Eiche«. Wie ungewohnt bescheiden.

Adresse Communicationsweg, 53125 Bonn (Röttgen) | **Anfahrt** Mit dem Pkw von Röttgen kommend bis zum Parkplatz an der L 261, von dem aus die Weingartsbahn in den Kottenforst führt. Von dort aus zu Fuß oder mit dem Rad, bis die Merler Bahn kreuzt und der Communicationsweg beginnt. Dort ist das »Jägerhäuschen«. Dem Communicationsweg etwa 500 Meter folgen und links Ausschau nach der Lichtung mit der »Dicken Eiche« halten. | **Tipp** Ganz in der Nähe ist die »Ringwall Venne«, eine Fliehburg aus dem frühen Mittelalter, deren Grundrisse man im Gelände noch gut erkennen kann. Der Weg dorthin ist vom Jägerhäuschen aus gekennzeichnet.

24 Der Draitschbrunnen

Gesundes aus Bad Godesberg

Man kann zwischen Wasser und Wasser wählen. Das vereinfacht die Sache ungemein, denn man muss sich nur entscheiden, ob man das Mineralwasser aus der Draitschquelle oder aus der Kurfürstenquelle bevorzugt, und schon fließt das köstliche Nass aus der Tiefe der Quellen, direkt aus dem Hahn, in die mitgebrachten Behälter. Für die Godesberger ist das nichts Neues. Die Brunnen, das dazugehörige Mineralbad und die »Trinkhallen«, von denen es mehrere gab, haben hier eine lange Tradition. Sie gehen auf den Kurfürsten Clemens August und seinen Nachfolger Max Franz zurück. Seine Blüte als Kurort erlebte Godesberg, das damals noch nicht »Bad« war, in der Zeit vor dem Ersten Weltkrieg. Auch mit dem »Bad«, das man seit 1926 im Namen führen darf, konnte man jedoch nicht an die ehemalige Popularität anschließen. 1972 wurde das alte Mineralbad geschlossen. Auch die Trinkhallen drohten zu verschwinden.

1977 pachtete der Brunnenmeister Helmut Fiehl den kleinen Pavillon, in dem das Wasser aus beiden Quellen zu haben ist, baute ihn um und sorgt seitdem persönlich dafür, dass den Bad Godesbergern ihr Brunnen erhalten bleibt. Wer das bekömmliche kühle Nass noch nicht kennt, der darf erst einmal probieren und wird die Unterschiede feststellen. Das Wasser der Draitschquelle hinterlässt einen kräftigeren und metallischeren Geschmack auf der Zunge, das mildere Kurfürstenwasser eignet sich besser zum Kochen von Tee oder Kaffee.

Das Wasser ist günstiger als das meiste, was man im Getränkemarkt bekommt, und den sündhaft teuren »Designer-Mineralwassern« aus der umweltfeindlichen und potenziell gesundheitsschädlichen Plastikflasche sowieso vorzuziehen. Und wer erst mal auf den Geschmack gekommen ist, wird sowieso nicht mehr auf das »Bad Godesberger« verzichten wollen. Dem durstigen Wanderer oder Radler, der hier Station macht, wird die Erfrischung auch im Glas gereicht.

Adresse Brunnenallee 33, 53177 Bonn (Bad Godesberg), Tel. 0228/363617, www.draitschbrunnen.de | **ÖPNV** Bus 615, 637, 855, U-Bahn 16, 63, 67, Haltestelle Bad Godesberg Stadthalle | **Öffnungszeiten** Mo – Fr 13.30 – 18 Uhr, Sa 9 – 14 Uhr | **Tipp** Das Wasser der Kurfürstenquelle kann auch in der Schwimmhalle Kurfürstenbad, die im Stadtpark Bad Godesberg zu finden ist, zur Erfrischung unentgeltlich genossen werden.

25 Die Düne Tannenbusch

Ein alter Hügel braucht Erholung

Keine Düne im herkömmlichen Sinne, aber ein faszinierendes Naturphänomen. Die Düne Tannenbusch besteht aus Rheinsand und ist eine Binnendüne. Als solche ist sie eine Seltenheit, denn Binnendünen findet man nur noch wenige in Deutschland. Entstanden ist sie nach der letzten Eiszeit, vor circa 11.000 Jahren. Kräftige Winde fegten den Sand, der an den Ufern des Rheins, möglicherweise einem linksrheinischen Seitenarm, der Gumme, angeschwemmt wurde, über weitgehend vegetationslose Ebenen hinweg und türmten ihn zu einer mächtigen Düne auf.

Bereits etwa 700 vor Christus wurde die Gegend um die Düne besiedelt. Viel später war sie kurfürstliches Jagdrevier, dann französischer Soldatenfriedhof. In den 1950er Jahren wurde sie als Baugrund erschlossen. Den Sand benutzte man praktischerweise gleich als Baumaterial für die umliegenden Gebäude. Bis vor nicht allzu langer Zeit hatte man die Düne dann als reines Erholungsgebiet betrachtet und asphaltierte Wanderwege nebst Beleuchtung angelegt. Erst 1989 erkannte man in ihr einen gefährdeten und in seiner Ursprünglichkeit schützenswerten Lebensraum.

Seitdem steht die Düne Tannenbusch unter Naturschutz und bildet mit ihrer verbliebenen Ausdehnung von knapp sechs Hektar eines der kleinsten Bonner Naturschutzgebiete. Nur eine 1,5 Hektar große Fläche, die durch sandigen Boden und lockeren Bewuchs auffällt, ist noch deutlich als Düne erkennbar. Der Rest ist teilweise von Brennnesseln, Brombeeren und Ginster überwuchert. Pappeln und Robinien, die sich in den vergangenen Jahrzehnten im Gelände ausgebreitet haben, müssen nach und nach gefällt werden, um den eigentlich typischen Gewächsen wie Turmkraut, Silbergras, Platterbsen-Wicke oder Natterkopf wieder den nötigen Raum zu verschaffen. Die Biologische Station Bonn bemüht sich mit Hilfe des Botanischen Gartens der Universität aktiv um die Erhaltung der Düne.

Adresse An der Düne, 53119 Bonn (Tannenbusch) | **ÖPNV** U-Bahn 18, Haltestelle Brühler Straße, oder U-Bahnen 63 und 16, Haltestelle Tannenbusch Süd. Von dort aus sind es jeweils circa 10 Minuten Fußweg. | **Tipp** Nördlich der Düne schließt Neu-Tannenbusch an, eine in den 1970er Jahren gebaute Großsiedlung, die dem damaligen Ideal modernen Wohnens entsprach. Sehenswert.

26 Die Eisdiele im HdG

La dolce vita immerdar

Das Haus der Geschichte (HdG) muss man mehr als einmal besuchen, denn man kann unmöglich alles an einem Tag sehen, lesen und ausprobieren, was hier gezeigt wird.

Was man sich bei jedem Besuch ansehen sollte, ist die italienische Eisdiele, die an die »wilden« 50er und die damals noch junge Bundesrepublik erinnert.

So interessant die ständige Ausstellung und die regelmäßigen Sonderschauen sind, die Eisdiele entzückt den Besucher immer wieder besonders. Sicher hat das damit zu tun, dass sie das einzige Ausstellungsstück ist, das bei den meisten nur positive Erinnerungen und Gefühle weckt. Ein Stück konservierte heile Welt, die damals noch ähnlich überschaubar war wie die sechs oder sieben Eissorten, die man bekam und die noch keine exotischen Namen hatten, sondern einfach Vanille, Erdbeer oder Schoko hießen.

So wie damals hätte alles immer bleiben können. Die Dinge waren schön anzusehen und wie für die Ewigkeit gebaut, das Wirtschaftswunder war gerade erst geboren worden, und eine Kugel Eis kostete zehn Pfennig.

Es gibt Gerüchte, die Eisdiele stamme eigentlich aus Kessenich. Dem widerspricht zumindest die offizielle Darstellung, nach der sie Anfang der 1990er Jahre in Hamburg ausfindig gemacht wurde, wo sie seit 1955 im Besitz der Familie Giacomel – ihres Zeichens waschechte Italiener – gewesen war. Die Familie gab das Geschäft 30 Jahre später auf. Trotz einer Zwischennutzung als Mode-Boutique blieb das Inventar praktisch unverändert erhalten.

Nur kleinere Restaurationsmaßnahmen waren nötig, bevor die Eisdiele wieder in altem Glanz erstrahlte. Einige typische Accessoires und eine original Jukebox hat man ihr auch spendiert. Wenn aus dieser die alten Schlager erklingen, dann steht so mancher Besucher ganz versonnen davor, und man weiß, er träumt von »la dolce vita« und einer Kugel Eis für zehn Pfennig.

Adresse Willy-Brandt-Allee 14, 53113 Bonn (Gronau) | **ÖPNV** U-Bahn 16, 63, 66, 67, 68, Haltestelle Heussallee/Museumsmeile | **Öffnungszeiten** Di–Fr 9–19 Uhr, Sa–So 10–18 Uhr | **Tipp** Die ganze Geschichte der Eisdiele steht in dem kleinen Buch »Komm mit nach Italien …!«, das man im Museumsshop erwerben kann. Vom HdG aus nimmt man den Rheinweg bis zur Ecke Burbacher Straße, einem der »italienischsten« Flecken in Kessenich.

27 Der Erlebnisweg

Von den Rheinauen bis zu den Hochöfen

Ein gute Idee hat bekanntlich viele Väter, und so weiß man nicht genau, wem Bonn zu verdanken hat, dass das Rheinufer im Großen und Ganzen unbebaut blieb und man hier entlang des Rheins so entspannt im Grünen spazieren gehen oder radeln kann, wie in kaum einer anderen Stadt am Rhein. Entlang des »Erlebniswegs Rheinschiene« kann man dabei auch noch etwas lernen, denn an markanten Punkten stehen entsprechende Informationstafeln. In Bonn verläuft die Strecke sowohl rechtsrheinisch als auch linksrheinisch als Teil des Rheinradwegs, des 1.230 Kilometer langen Radfernwegs vom Quellgebiet des Rheins in den Schweizer Alpen bis zur Mündung bei Rotterdam.

Wegweiser mit einer blauen »S-Kurve« auf rotem Farbquadrat markieren den Verlauf des Erlebniswegs. Mit dem Rhein im Blick kann man sich aber praktischerweise gar nicht verfahren. Entlang der Strecke locken zahlreiche Biergärten. Rechtsrheinisch sind die beliebtesten, da sie direkt am Weg liegen, der Rheinpavillon »Zum Blauen Affen«, der Biergarten der Gaststätte »Rheinlust« und das »Bahnhöfchen«. Linksrheinisch gibt es zwar weniger Informationstafeln, dafür aber mindestens genauso viele Biergärten. Zu empfehlen sind der »Schaumburger Hof«, wo sich Albert von Sachsen-Coburg und Gotha und Queen Victoria zum ersten Mal über den Weg liefen, und der Biergarten des Hotel Dreesen, der nicht so mondän ist, wie man vielleicht vermutet.

Eine »Umrundung« Bonns unter Einbeziehung des Erlebniswegs bietet sich förmlich an. Die gesamte Strecke ist etwa 15 Kilometer lang. Man kann sie dank der drei Brücken und der Fährverbindungen beliebig abkürzen. Wer möchte, kann auf dem Erlebnisweg aber auch bis zu 357 Kilometer zurücklegen. Mal rechts, mal linksrheinisch, führt er von Bonn über Köln und Düsseldorf vorbei an Auenwäldern, Sandbänken und kleinen Festungsstädtchen bis zu Duisburgs imposanten Industriedenkmälern.

Adresse Erlebnisweg Rheinschiene. Links- und rechtsrheinisch entlang des Rheins auf dem gesamten Bonner Stadtgebiet, www.erlebnisweg-rheinschiene.de | **Tipp** Unbedingt Picknick-Korb mitnehmen und entlang der Strecke nach unentdeckten Plätzen Ausschau halten, die einem hier hinter jeder Kurve begegnen können.

28 Der Erleuchtete

Ein wegweisender T-Träger für das Bundeshaus

Am Rheinufer, direkt am Hintereingang des ehemaligen Plenarsaals, jetzt Teil des WCCB (World Conference Center Bonn), kommt es zu einer berührenden Szene. Gerade setzt leichter Regen ein. Das sterbende Abendlicht bricht sich auf der nassen Oberfläche der stählernen Skulptur »L'Allumé« von Mark di Suvero und lässt sie erstrahlen. Messerscharf hebt sie sich vor dem verhangenen Osthimmel ab. Ein beeindruckendes Bild. Dann läuft ein Jogger auf das Kunstwerk zu. Nur ganz kurz schlägt er es mit der Hand an und ist im gleichen Moment schon wieder auf dem Rückweg.

Nicht oft wird dem Objekt, das aus sechs Stahlträgern besteht, in diesen Tagen so viel Aufmerksamkeit zuteil wie bei dieser Gelegenheit. Auch Großplastiken werden oft übersehen, so scheint es. Da hilft auch der neue Anstrich nicht, den diese 2010 erhielt.

1992, als bei Kunst im öffentlichen Raum in Bonn noch nicht jeder Groschen zweimal umgedreht werden musste, in einen di Suvero zu investieren war eine sehr gute Idee. In weltweit mehr als 50 Städten stehen die Plastiken des 1933 in Shanghai geborenen Künstlers. Bis Mitte der 1950er Jahre lebte und studierte er in San Francisco. 1957 zog er nach New York und sagt dazu rückblickend: »Im Schatten der Brooklyn Brücke zu leben, hat mich dazu ermutigt, in großen Dimensionen zu denken.« Heute zählt er zu den bedeutendsten amerikanischen Bildhauern des Konstruktivismus. Seit 1960 ist er, als Folge eines schweren Arbeitsunfalls, auf Krücken angewiesen. Tonnenschweren Stahl »verbiegen« kann er trotzdem.

Wie alle Arbeiten von di Suvero wirkt auch L'Allumé, der Erleuchtete, durch seine Größe respekteinflößend auf den Betrachter, hat aber gleichzeitig etwas sehr Verspieltes. Was die Skulptur weiterhin aussagt, darüber kann man spekulieren. Der lange vordere Stahlträger zeigt jedenfalls genau in Richtung Berlin. Der Hauptstadtbeschluss war 1992 gerade ein Jahr alt.

Adresse Stresemannufer am WCCB, 53113 Bonn (Gronau) | ÖPNV Bus 610, 611, 630, Haltestelle Deutsche Welle | Tipp Etwas nördlich vom Haupteingang des ehemaligen Plenarsaals (Platz der Vereinten Nationen) befindet sich eine weitere konstruktivistische Skulptur. Die Arbeit »Durchbruch« (1980/1992) stammt vom deutschen Künstler Hermann Glöckner.

29 Erste Bonner Kletterwand

Gegenkultur statt Gipfelglück

Sie trug den schlichten Namen Zelte-Weber-Außenwand und war eine Pionierleistung. Die erste Bonner Kletterwand – und eine der frühen in Deutschland – führt heute ein Schattendasein. Dabei ist sie, mit einem maximalen Schwierigkeitsgrad von 9-/9 und einer Höhe von 13,80 Metern, selbst für erfahrene und routinierte Sportler immer noch eine Herausforderung und für alle Kletterbegeisterten eine interessante Alternative zu den Indoor-Kletterwänden der Stadt.

Ende der 1970er Jahre kam das heutige Sportklettern aus den USA nach Deutschland. Einer der hiesigen Pioniere war Hans Nathan. Er erschloss viele Routen am Niederrhein und in der Eifel für die Szene. Später ging Nathan nach Köln, wo er, mit anderen Kletterbegeisterten zusammen, in einem alten Lokschuppen in Frechen das »Chimpanzodrome« ins Leben rief. Die Bonner Wand plante die Kletterlegende zusammen mit einem Mitarbeiter der Firma Weber, der seinerzeit eigentlich in der Buchhaltung beschäftigt war, sich aber für das Vorhaben entflammte. Die Wand wurde am 5. Oktober 1985 frei geklettert. Aus Sicherheitsgründen brachte »Globetrotter«, der jetzige Betreiber, eine Absperrung an. Das lässt manche vermuten, dass hier überhaupt nicht mehr geklettert werden kann. Doch dem ist nicht so. Zu den Öffnungszeiten des Ladens kann man sich jederzeit zum Klettern anmelden. Die richtig schwierige Tour ist rechts in der Wand.

Eine der ersten Indoor-Kletterwände Deutschlands wurde 1989 ebenfalls in Bonn errichtet. Konzipiert hat sie, wie könnte es anders sein, Hans Nathan. Sie war im »All Out Gym« in der Tapetenfabrik in Beuel und musste dort 2004 einem Aufzug Platz machen. Zu Beginn noch der Tummelplatz der »jungen Wilden« der Kletterszene und ein Stück Gegenkultur zum traditionellen Bergsteigen, markierten die ersten Hallen auch den Beginn einer Bewegung, die heute ein Massensport ist.

Adresse Vorgebirgsstraße 86, 53119 Bonn (Nord), am Globetrotter Outlet, Tel. 0228/766180, www.globetrotter.de/filialen/bonn/ | **ÖPNV** Bus SB60, 604, 605, Haltestelle Frankenbad/Kunstverein | **Öffnungszeiten** Outlet: Mo–Sa 10–20 Uhr | **Tipp** Linksrheinisch, südlich der Kennedybrücke, wird an den Sandsteinmauern im Sommer oft gebouldert. Zum Klettern verabreden kann man sich über die Facebook-Gruppe »Klettern in & um Bonn«. Wer der »Legende« Hans Nathan begegnen will, fährt nach Köln-Dellbrück (www.kletterhalle-dellbrueck.de).

30 Das Euro Theater Central

Kontrabass und Camus

Angefangen hat alles im legendären »Igel«, der »Nachtbar ohne Programm« (will sagen, ohne Stripperinnen), in der das Theater, damals noch als »Theater Central«, seine ersten Vorstellungen gab. 1972 zog es in den ersten Stock des Patrizierhauses am Münsterplatz-Dreieck. Darüber gab es damals noch ein Casino mit richtigen Spieltischen. Das Eichamt ließ es 1975 allerdings aufgrund gewisser »Unregelmäßigkeiten« schließen. So konnte sich das kleine Theater ein bisschen vergrößern. Den intimen Charme eines Zimmertheaters – ein Theaterformat, das Gründer Claus Marteau zur Kunstform erhob – hat es sich aber bis heute erhalten.

Die Tapete im Foyer stammt noch aus der Produktion der ehemaligen Tapetenfabrik in Beuel und hängt hier auch schon seit den 70er Jahren rum. Aber ansonsten ist alles und jeder praktisch ständig in Bewegung. Jeden zweiten Tag wird umgebaut. Freie Ensembles aus Bonn, Köln und dem Rest der Welt geben sich die Klinke in die Hand, und das Programm wechselt deutlich öfter als im Kino. Aber es gibt auch Dauerbrenner wie Patrick Süskinds »Der Kontrabass«, mit dem Viktor Weiss kürzlich in die 750. Vorstellung ging!

Viel Existenzialistisches kommt auf die kleine Bühne. Eugène Ionesco, Albert Camus, um nur zwei Namen zu nennen.

Die Bühne des Euro Theater Central kann man mit Fug und Recht als klein bezeichnen. Eine Herausforderung, der sich Bühnenbildner und Schauspieler mit viel Kreativität bei jeder Inszenierung stellen. Mit maximal 47 Plätzen ist auch der Raum fürs Publikum beschränkt, aber keine Sorge, man sitzt hier genauso gut wie in jedem anderen Theater. Nur deutlich näher dran ist man am Geschehen. Dass sich der Zuschauer hier nicht entziehen kann, ist Teil der Strategie. Niemand verlässt den Raum unbehelligt. Das Euro Theater Central macht kein Weichspülprogramm für Dünnbrettbohrer. Es fordert, was es gibt: Herz und Verstand.

Adresse Münsterplatz-Dreieck, Eingang Mauspfad, 53111 Bonn (Zentrum), Tel. 0228/652951, www.eurotheater.de | ÖPNV U-Bahn 16, 63, 67, 68, Haltestelle Universität/Markt | Tipp Wer an kleinen Theatern Geschmack findet, kann sich auch »Die Pathologie« in der Weberstraße 43 in der Südstadt ansehen, das mit gerade einmal 25 Plätzen wahrscheinlich kleinste Theater der Stadt.

31_Die Fabrik 45

Gelegenheit macht Kunst

Zwei junge Philanthropen lassen im Bonner Norden andere einfach mal machen, was sie wollen. In einer Fabrikhalle am Hochstadenring (ehemals Knaupe & Rösler, vor dem Krieg Maschinenbau, später Heftpflaster und dergleichen), zu Füßen der Viktoriabrücke, proben sie die Kunst des geringen Widerstands, ohne dabei beliebig zu werden. Künstler, aber nicht nur die, können hier Ausstellungen oder Performances realisieren, auch ohne dass der künstlerische Werdegang schon nach Karriere riecht. Es darf auch mal frei assoziiert werden, denn schließlich ist das hier keine hart am Wind des Kunstmarkts segelnde Galerie, sondern einfach ein Ort, an dem vieles möglich sein darf und soll.

Dem Publikum gefällt das Konzept, und so bescherte es der noch jungen Fabrik 45 schöne Erfolge, wie eine fulminante Abschlussfeier zur Videonale 14. Auch das Format »Cheap Art Deluxe« schlägt als Ergänzung zum Publikumsrenner »Cheap Art« (für alle, die es nicht kennen: große Kunst für kleines Geld) mächtig ein. Im informellen Netzwerk »August-Macke-Viertel« ist die Fabrik 45 fest verortet. Man hatte den Finger bei der Initialzündung zu dieser Idee mit am Abzug.

Bei allem, was passiert, ist die Halle nicht nur Container, sondern auch Entertainer. Im kleinen Innenhof kann man im Freien sitzen, aber auf der Empore unter dem Hallendach mit großem Oberlicht ist es genauso schön, vor allem, wenn die gerade laufende Ausstellung zulässt, dass eine gemütliche Ecke mit dem hauseigenen Fundus an stilechten 50er-Jahre-Möbeln eingerichtet wird. Auch von dort aus kann man Rückkopplungen erzeugen. Und die Fabrik 45 ist definitiv ein Ort für Rückkopplungen jeder Art. August Macke hat Knaupe & Rösler wohl auch gekannt und kleinere Reparaturen in Auftrag gegeben, die er mit Bildern bezahlte. Die wurden in den 1970er Jahren für wertlos befunden und weggeworfen. Pflaster drauf und weitermachen.

Adresse Hochstadenring 45, 53119 Bonn (Nord), Tel. 0228/53448677, www.fabrik45.de | **ÖPNV** U-Bahn 66 oder Straßenbahn 61, 62, Haltestelle Stadthaus, dann circa 5 Minuten zu Fuß durch die Bornheimer Straße bis zum Hochstadenring | **Tipp** Das August-Macke-Haus ist quasi über die Straße und nicht zu übersehen.

32 Fachgeschäft

… für alt gewordene PS-Devotionalien

»Alte Spielzeugautos/Alte Ansichtskarten, Ankauf-Verkauf-Tausch« steht auf dem Schild im Schaufenster. Damit wäre alles gesagt, träfe man im Laden nicht auf das Automobil-Universum des Arno Wagner. Wer nicht glaubt, dass man das komplette Weltgeschehen anhand von Automodellen erklären kann, sei vorgewarnt: Arno kann!

1986 eröffnete er sein Fachgeschäft nahe der Beethovenhalle. Seit 2000 betreibt er es in der Ermekeilstraße. »Richtig reich werden kann man damit nicht«, sagt er. Aber wer braucht Geld, wenn er jeden Tag in einer Schatzkammer sitzt? Hauptsächlich alte Spielzeugautos, Ansichtskarten und jegliche Form von Bild und Text zur Automobilgeschichte findet man hier. Da Arno eher Nachtarbeiter als Frühaufsteher ist, ist das mit dem Öffnen um 11 Uhr eher so eine Idee. Findet man den Hinweis: »In fünf oder zehn oder höchstens fünfzehn Minuten werde ich wieder im Laden sein«, weiß man, dass er immerhin schon in der Südstadt ist. Ein Handy besitzt er nicht. Auch keinen Internetanschluss. Wählt man die im Schaufenster angegebene Nummer, klingelt hinter der Scheibe ein »Wählscheibenfernsprechgerät«, wie er sein Telefon nennt. Kein Anrufbeantworter.

Wenn Arno da ist, steht die Tür einfach offen.

Unter unzähligen Aktenordnern, Zeitschriften und vielem anderem vermutet man seinen Schreibtisch. Was ziemlich chaotisch wirkt, hat System. Weit über 100.000 Artikel werden hier verwaltet. Ganz ohne Computer. Täglich durchsucht und »zerlegt« Arno Zeitschriften, ordnet, heftet ab, schiebt alles von Sortierstufe K (Neueingänge) immer weiter nach vorne bis zum perfekt sortierten A-Messeordner. Der Laden ist kein Antiquitätengeschäft im herkömmlichen Sinne. Man kann hier auch wunderbare Entdeckungen für kleines Geld machen. Dass es dabei nicht um ein reines Geschäft geht, sondern auch immer um die »größeren Zusammenhänge«, sollte deutlich geworden sein.

Adresse Fachgeschäft für alt gewordene Gegenstände der Kraftwagenverherrlichung, Ermekeilstraße 40, 53113 Bonn (Südstadt), Tel. 0228/630152 | ÖPNV Am nächsten liegt die Haltestelle Wilhelm-Levison-Straße. Man erreicht sie mit der Buslinie 600. Die Stadtbahnlinien 61 und 62 fahren ebenfalls in die Südstadt, Haltestelle Weberstraße. | Öffnungszeiten Di–Fr 11–20 Uhr, Sa 11–16 Uhr und im Übrigen, wenn Licht brennt | Tipp Aufgrund der relativen Enge im Laden ist wahlloses Drauflossuchen zwar möglich, aber am besten gibt man Arno ein Stichwort. Fündig wird man dann irgendwie immer. Erworbene Schätzchen sichtet und feiert man in einem der zahlreichen Lokale in unmittelbarer Nähe.

33 Die Friedrich-Ebert-Brücke

Eine durchaus vielseilige Angelegenheit

Bei Tageslicht besehen ist sie keine Schönheit, aber man muss sie nachts besucht haben! Dann hat die Friedrich-Ebert-Brücke, meist schlicht als Nordbrücke bezeichnet, ihren besonderen Charme. Auch nach Einbruch der Dunkelheit trotzen Jogger dem nicht abreißenden Verkehrslärm und passieren sie in beide Richtungen. Nach Norden hat man einen schönen Blick auf den illuminierten Hafen. Im Süden entfaltet sich das Stadt-Panorama mit der Kennedybrücke im Zentrum. Unten lodern derweil »wilde« Lagerfeuer entlang des Rheins. Die relative Abgeschiedenheit zieht jene an, die sich lieber an der Peripherie aufhalten. Ihnen wird egal sein, dass sie unter einer besonderen Ingenieurleistung campieren. Die 1967 für den Verkehr freigegebene Brücke war die erste deutsche Schrägseilbrücke, bei der ein Vielseilsystem verwendet wurde.

Am Tage nutzt man die Nordbrücke, von Bonn kommend, als Passage in die Naturlandschaft des Rechtsrheinischen. Hier lädt das Naturschutzgebiet Siegmündung zu Spaziergängen entlang des Flusses ein. Eine echte Kuriosität ist die Siegfähre an der Niederkasseler Straße. Mit der ältesten und mittlerweile einzigen Einmannfähre Deutschlands kann man dort über den kleinen Fluss setzen. Das zur Fähre gehörende Restaurant steht regelmäßig bei herbstlichem Hochwasser mit mehr als nur den Füßen im Wasser, was die Betreiber aber bisher nicht davon abgehalten hat, es immer wieder liebevoll in Schuss zu bringen und pünktlich zum Frühjahr für die Gäste zu öffnen.

Von Schwarzrheindorf aus kommend ist die Nordbrücke der Zubringer nach Bonn-Castell, das als die Wiege des linksrheinischen Bonn gilt. Die Römer lagen hier um 10 v. Chr. mit einer Legion im Lager »Bonna«. Von der Brücke aus fällt der Blick auf das aus diesem Grund so benannte Römerbad, das dazu auffordert, nicht länger hier zu verweilen, sondern dem nördlichsten der Bonner Freibäder einen Besuch abzustatten.

Adresse Die Nordbrücke befindet sich zwischen dem Autobahnkreuz Bonn-Nord (53119) und dem Dreieck Bonn-Nordost (53225) und ist ein Teilstück der A 565. | ÖPNV Bonn-Castell: Bus 551, 600, 601, Haltestelle Pädagogische Fakultät; Siegaue: Bus 550, SB55, Haltestelle Schwarzrheindorf Siegaue | Tipp Rechtsrheinisch befindet sich nahe der Nordbrücke der Jüdische Friedhof Schwarzrheindorf, auf dem der älteste Grabstein aus dem Jahr 1623 stammt. Der Friedhof ist also mehr als 200 Jahre älter als der Jüdische Friedhof in Bonn-Castell, der sich ebenfalls in der Nähe der Nordbrücke befindet, allerdings links des Rheins.

34 Die Gedenkstätte

»… und plötzlich gehörte man nicht mehr dazu.«

Der vollständige Name, »Gedenkstätte für die Bonner Opfer des Nationalsozialismus«, weist bereits auf eine wichtige Funktion des Ortes hin, macht aber nicht deutlich, dass es sich auch und vor allem um eine Dokumentationsstätte handelt, die das Schicksal vieler Verfolgter und Ermordeter in Bonn und im ganzen Rheinland nachzeichnet. Die eigentliche Gedenkstätte, genauer gesagt der Gedenkraum, ist ein Teil dieser Dokumentation.

Am Eingang wird man mit einem Foto des Friedensplatzes zur Zeit des Nationalsozialismus konfrontiert. Es zeigt den Platz und ein Straßenschild mit der Aufschrift »Adolf-Hitler-Platz«. So hieß er von 1933 bis 1945. Auch wenn man es vorher schon wusste, erzeugt das Bild Betroffenheit. Weitere Dokumente zeugen von der Menschenverachtung und den unmittelbaren Folgen der perfiden NS-Ideologie. Sie belegen Ausgrenzung, Verhaftung und Folter. An der Decke angebrachte Bahnschwellen symbolisieren die Transporte in die Todeslager. Im folgenden Raum beginnt die in mehrere Themenbereiche gegliederte Dokumentation. Darauf folgt der Gedenkraum. Dort steht eine schlichte graue Bank, und schwarze Holzrahmen sind an drei Wänden angebracht. In den Rahmen findet man biografische Daten und einige Fotos der Bonner Bürger, von denen man weiß, dass sie Opfer des Faschismus wurden. Es sind mehr als 1.200.

Man sollte sich die Zeit nehmen, sich mit den Exponaten und den vertiefenden Kommentaren auseinanderzusetzen. Aus Respekt vor den Opfern und als Anerkennung für die Arbeit des Vereins »An der Synagoge e. V.«, der die Gedenkstätte betreut. Vor allem aber, weil man viel über die »Anatomie« der nationalsozialistischen Diktatur erfahren kann. In der Geschäftsstelle des Vereins gibt es eine Präsenzbibliothek mit dem Schwerpunkt Bonn und Rheinland im Nationalsozialismus, eine Mediathek und ein Archiv für alle, die das Thema eingehender recherchieren wollen.

Adresse Franziskanerstraße 9, 53113 Bonn (Zentrum), Tel. 0228/695240 | **ÖPNV** alle Busse und Straßenbahnen bis Bertha-von-Suttner-Platz/Beethovenhaus | **Öffnungszeiten** Mi 9.30–14 Uhr, Do–Sa 13–18 Uhr, So 11.30–17 Uhr, Führungen nach Voranmeldung | **Tipp** Das Mahnmal aus Fundamentresten der alten Bonner Synagoge, auf die sich der Name des Vereins »An der Synagoge e. V.« bezieht, steht am Erzbergerufer, oberhalb der Kennedybrücke. Nahe dieser Stelle stand die Synagoge, bis sie in der »Reichskristallnacht« in Brand gesetzt und völlig zerstört wurde.

35 Die Gedenktafel für Gerold von Braunmühl

»An die Mörder unseres Bruders«

Eine unscheinbare Gedenktafel in der Buchholzstraße in Ippendorf weist auf den Ort hin, an dem Gerold von Braunmühl erschossen wurde. Der Text auf der Tafel lautet: »Hier starb am 10.10.1986 Dr. Gerold von Braunmühl – Politischer Direktor des Auswärtigen Amtes. Er wurde von Terroristen ermordet.«

Der Mord, zu dem sich ein »Kommando Ingrid Schubert« der Rote Armee Fraktion bekannte, geschah direkt vor von Braunmühls Haus. Er war einer der engsten Mitarbeiter von Außenminister Hans-Dietrich Genscher, gehörte jedoch nach Ansicht der Sicherheitsbehörden nicht zum Kreis besonders gefährdeter Personen und hatte keine Leibwächter. Als er an jenem Abend vor seinem Haus aus einem Taxi stieg, kam eine vermummte Person auf ihn zu und schoss ihm zwei Kugeln in den Oberkörper. Als er versuchte zu fliehen, tauchte eine zweite Person auf, die ihm aus nächster Nähe in den Kopf schoss. Vier Tage später fand man den Fluchtwagen der Täter in Endenich.

Genau vier Wochen nach dem Mord richteten die fünf jüngeren Brüder von Gerold von Braunmühl einen offenen Brief an die Terroristen. Die Berliner Tageszeitung »taz« veröffentlichte ihn auf der Titelseite, und er begann mit den Worten: »An die Mörder unseres Bruders: Warum habt Ihr das gemacht? Wer gibt Euch das Recht zu morden? Wer macht Euch zu Auserwählten elitärer Wahrheit?« Die Absicht des Briefes war, Antworten auf die gestellten Fragen zu erhalten und mit der RAF in einen Dialog zu treten, um weitere derartige Taten zu verhindern. Die Täter blieben die Antworten schuldig. Ein Dialog kam nie zustande.

Nach Gerold von Braunmühl wurden noch drei weitere Menschen Opfer der RAF. Im April 1998 gab sie ihre Selbstauflösung bekannt. Die Mörder des Gerold von Braunmühl wurden bis heute nicht ermittelt.

Adresse Buchholzstraße 39, 53127 Bonn (Ippendorf) | **ÖPNV** Bus 603, 630, Haltestelle Ippendorf | **Tipp** Wer nicht mit dem ÖPNV oder dem Pkw unterwegs ist, sollte sich darüber im Klaren sein, dass Ippendorf auf einer Anhöhe liegt, die auch geübten Radfahrern oder Wanderern arg zusetzen kann. Hat man Ippendorf erreicht, sind die Ziele auf dem nebenan liegenden Venusberg aber nur noch ein Klacks.

36 Die »Geisterbahn«

Take a Walk on the Wild Side

Wer Bonn einmal von einer ganz anderen Seite kennenlernen will, muss in den Untergrund. Der empfohlene Einstieg ins Parallel-Universum unter dem Hauptbahnhof ist die Unterführung an der Imbissstube City Pick (Maximilianstraße 9). Ave Caesar, morituri te salutant.

Unten angekommen verdient das »Gleis 11« Beachtung. Eine Bahnhofskneipe, wie sie im Buche steht. Generationen von Reval-Rauchern haben den Ort vorsorglich für den anstehenden Umzug ins Haus der Geschichte mumifiziert. Links geht es zu den »weiteren Gleisen«. Der Gang ist so unübersichtlich, dass man ihn intuitiv meidet. An der Ecke fragen sich ein Fotoautomat und ein öffentlicher Fernsprecher, was sie hier eigentlich tun. Die Dame in Pink mit dem bandagierten Unterarm kann es ihnen nicht sagen. Sie hat ihre eigenen Probleme.

Es folgen typische Passage-Läden mit verheißungsvollen Namen wie »Sexy World Adult Video Show« oder »Döner Land«. Dann kommt G.A.B.I., die »Gemeinsame Anlaufstelle von Stadt und Polizei Bonn Innenstadt«. Seit die Junkies und Alkoholiker aus dem Bonner Loch verbannt wurden und am Bushof Quartier genommen haben, nutzen sie die Passage als Durchflugschneise zur Toilettenanlage (zu der wir später kommen), und G.A.B.I. regelt hier den Luftverkehr.

Die Passage öffnet sich über eine Treppe nach rechts zum Bonner Loch hin. 20 Meter Normalität. Dann wird es gleich wieder düster. An einer Batterie von Schließfächern vorbei führt der Weg in einen Gang, der als Sackgasse zu enden scheint, doch kurz vor der Stirnwand geht es scharf rechts ab, und Klaustrophobiker bekommen jetzt echte Probleme. In Bewegung bleiben. Irgendwo muss Licht sein. UV-Licht zunächst, das die erwähnte Toilettenanlage illuminiert. Sie zu passieren, erfordert noch einmal Mut. Nach ein paar Metern dann endlich Licht und Luft. Durchatmen. Das Bonner Loch hat einen wieder. Nie war es schöner als gerade jetzt.

Adresse Unter dem Bonner Hauptbahnhof, 53111 Bonn (Zentrum) | **ÖPNV** alle Verkehrsmittel, die zum Hauptbahnhof fahren | **Tipp** Eine schöne Anschlusstour unter anderen Vorzeichen beginnt gegenüber am Cassiusgraben und führt durch den Florentiusgraben an der ehemaligen Stadtmauer vorbei, die hier noch gut zu erkennen ist, bis zum Stadthaus. Bonner Stadtgeschichte en passant.

37 Die Gertrudis-Hauskapelle im Frauenmuseum

Erinnerung an einen Ort, den es nicht mehr gibt

Gertrud von Nivelles (626–17. März 659) war eine bemerkenswerte Person. Die gebildete und »unbequeme« Frau wurde gegen Mäuse- und Rattenplagen angerufen und ist die Schutzpatronin der Reisenden und Pilger. Die Darstellungen der Heiligen verblieben auch zur Reformationszeit in vielen Gotteshäusern, weshalb man sie heute noch in einigen protestantischen Kirchen vorfindet. Luther wusste wohl, mit wem man sich besser nicht anlegt. Ins belgische Nivelles, wo ihr Reliquienschrein 1940 durch die deutsche Bombardierung der Stadt zerstört wurde, pilgert alljährlich zur Flurprozession im Oktober auch eine Gruppe aus Bonn. Im Dienste der Geschichte und der Völkerverständigung.

Bis zum Zweiten Weltkrieg stand dort, wo heute die »Rheinlogen« sind, eine Gertrudis-Kirche. Curt Delander, dem die Erinnerung an diesen Ort ein persönliches Anliegen ist, hat zusammen mit dem Frauenmuseum Bonn und dessen Direktorin Marianne Pitzen eine Stätte gegen das Vergessen der Gertrudis-Verehrung in Bonn ins Leben gerufen. Untrennbar ist damit auch ein Stück Stadtgeschichte verbunden. Denn die Kirche stand in der einstigen Bonner Altstadt, um die sich viele Alt-Bonner Geschichten ranken. Nach dem Krieg fiel das Viertel fast vollständig einer Art »zweiter Zerstörung« durch den Wiederaufbau zum Opfer. Als beim Bau der »Rheinlogen« Bruchstücke der Geschichte auftauchten, rettete Curt Delander im letzten Moment, was noch zu retten war.

Wer wissen will, wo Beethoven neun Jahre seiner Kindheit verbrachte (es war nicht sein heute so verehrtes Geburtshaus) und warum die kaum zerstörte Gertrudis-Kirche nach dem Krieg an der Vogtsgasse nicht wiederaufgebaut wurde, kurz, wer wissen will, was damals alles geschah, der muss Curt Delander und die Gertrudiskapelle besuchen.

Adresse Im Krausfeld 10, 53111 Bonn (Nord), Tel. 0228/691344 | ÖPNV Bus 604, 605, Haltestelle Dorotheenstraße | Öffnungszeiten Di–Sa 14–18 Uhr, So 11–18 Uhr (identisch mit den Öffnungszeiten des Frauenmuseums) | Tipp Im April 2013 wurde in der Vogtsgasse, an etwa der Stelle, wo die Kirche stand, ein Bildstock eingeweiht. Gegenüber ist das Bistro Nash, das feine, kleine Speisen im Angebot hat. Und das Frauenmuseum ist als weltweit ältestes seiner Art per se eine Empfehlung.

38 Das Goldfuß-Museum

Oberschenkelknochen eines Titanen aus dem Jura

1911 wird das Geologisch-Paläontologische Institut eingeweiht und das Hochparterre des Gebäudes von seinem Direktor, Dr. Gustav Steinmann, als Museum eingerichtet. Der Namensgeber, Georg August Goldfuß, war der erste Direktor des Naturhistorischen Museums, das auf seinen Vorschlag hin 1818 im Poppelsdorfer Schloss entstand. Aus dem Naturhistorischen Museum gingen später das Mineralogische Museum (siehe Seite 144) und die paläontologische und geologische Sammlung hervor.

Das Goldfuß-Museum beherbergt sowohl die Dauerausstellung »Was Fossilien erzählen« als auch eine systematische paläontologische Sammlung, die in den gleichen Räumen und den original Vitrinen zu bewundern ist, in der sie 1911 der Öffentlichkeit präsentiert wurde. Sie lehnt sich an die damalige Ausstellung an, und weder bei der Auswahl der Exponate noch bei den liebenswerten, da handschriftlich verfassten Beschriftungen wurden Veränderungen vorgenommen. Die also auf den ersten Blick antiquiert anmutende Sammlung ist dies ganz bewusst, und sie war, folgt man dem ausliegenden Begrüßungstext, bereits zum Zeitpunkt ihrer Eröffnung »altmodisch«. Gemeinhin wurde nämlich schon ab 1870 eine Trennung zwischen wissenschaftlicher Sammlung und Schausammlung propagiert. Das Goldfuß-Museum hat sich dem »neuzeitlichen« Trend dankenswerterweise bis heute erfolgreich widersetzt.

Neben den üblichen Verdächtigen, also höchst interessanten Fossilien aus allen Erdzeitaltern, gibt es einige äußerst bemerkenswerte Großobjekte zu sehen, wie den wahrhaft titanischen, im Untertitel erwähnten Oberschenkel. Keinesfalls übersehen sollte man auch das Skelett eines eiszeitlichen Höhlenbären, der in unserer Gegend heimisch war. Es befindet sich, etwas versteckt, im Erdgeschoss, das man über den zweiten Vordereingang (links vom Hauptportal) oder über das Treppenhaus hinter der systematischen Sammlung erreicht.

Adresse Nußallee 8, 53115 Bonn (Poppelsdorf) | ÖPNV Bus 601, 602, 631, Haltestelle Am Botanischen Garten | Öffnungszeiten Mo–Fr 9–16 Uhr, So 13–17 Uhr, Feiertage außer Sonntag geschlossen | Tipp Ein Fossil ganz anderer Art findet man »Am Botanischen Garten 20« (Einbahnstraße, die schräg gegenüber der Nußallee auf die Clemens-August-Straße stößt). Dort ist das »Spleen«, eine urige Pinte, die sich selbst als die älteste Studentenkneipe Bonns bezeichnet.

39 Die Grüne Spielstadt

Aus Hecken werden Häuser

Zwischen Lessenich und Endenich gelegen, breitet sich auf der oberen Rheinterrasse das Meßdorfer Feld aus. Auf der Erhebung befand sich früher die Stadtgärtnerei. Seit die Stadt das Gelände für die Nutzung freigab, sind hier die Grüne Spielstadt und ein internationaler Garten entstanden. Beide Projekte werden heute vom Wissenschaftsladen Bonn e. V. betreut.

Der Startschuss für die Grüne Spielstadt fiel 1996. Damals wurden die ersten Weiden angepflanzt, aus denen in den kommenden Jahren imposante Skulpturen und »Naturbauten« entstehen sollten. Im Jahr 2000 leistete Bonn mit dem Projekt einen Beitrag zur Weltausstellung. Die meisten Objekte, die einem bei einem Rundgang über das Areal begegnen, tragen Bezeichnungen, die ihrem Aussehen und ihrer Funktion entsprechen. Das Geheimnis hinter Skulpturen wie »Sprung ins Glück« muss man hingegen erst erfragen, oder im Falle von »Summstein« oder »Dransdorfer Ei« am besten selbst erforschen. Letzteres ist eines der wenigen Objekte, die nicht aus einem natürlichen Baustoff gefertigt sind. Tritt man durch die schmale Öffnung des Hohlkörpers aus Beton ein und geht auf einem Steg bis zur Mitte, erwartet einen nichts weniger als ein kleines akustisches Wunder.

Die Grüne Spielstadt ist vor allem ein Ort für Kinder und wird gerne von Kitas und Schulklassen frequentiert, kann aber auch für private Veranstaltungen angemietet werden. Eine Hütte mit einem Lehmofen gehört dazu, eine Steckdose sucht man hier allerdings vergebens, und das aus gutem Grund: Die Spielstadt ist von jeher auch ein ethnologisch-ökologisches Experiment, und Ghettoblaster gehören eher nicht hierher. Auf Unterhaltung muss man aber dennoch nicht verzichten. Im Sommer finden an jeweils zwei Tagen im Monat »Unplugged« Veranstaltungen in Kooperation mit der Brotfabrik Beuel statt, die eine gute Gelegenheit bieten, die Grüne Spielstadt kennenzulernen.

Adresse Ecke Im Dransdorfer Feld/An der Schwarzen Brücke, 53121 Bonn (Dransdorf), Tel. 0228/2016116, www.gruene-spielstadt.de | ÖPNV Bus 610, 611, Haltestelle Hans-Sachs-Straße, Siemensstraße überqueren, »Auf dem Dransdorfer Berg« hinauf gehen, oben links in »An der alten Stadtgärtnerei« einbiegen, Eingang nach etwa 200 Metern links | Öffnungszeiten zu Veranstaltungen oder nach vorheriger Anmeldung geöffnet | Tipp Wer die Arbeit des Wissenschaftsladens ehrenamtlich unterstützen und zum Erhalt der Grünen Spielstadt beitragen möchte, ist willkommen. Das Meßdorfer Feld ist ein weitläufiges Naturschutzgebiet und ideal für ausgedehnte Spaziergänge oder zum Joggen.

40 Die Hans-Riegel-Halle

Frühsport in Kessenich

Haribo steht für Hans Riegel Bonn. Und so sind nicht nur die bekannten Gummibärchen und Lakritzschnecken seit den 50er Jahren weltweit in aller Munde, sondern auch Bonn, als der Ort, wo sie erfunden wurden. Seinen Namen trägt das Unternehmen nach dem Gründer, Hans Riegel, dem Vater von Paul und Hans Riegel, die die Firma 1946 übernahmen und in den kommenden Jahrzehnten zu einem Süßwaren-Imperium machten.

Während einer Geschäftsreise nach Dänemark lernten die Brüder den Badminton-Sport kennen. Kurzerhand wurde 1951 der »1. Deutsche Badmintonclub e. V.« gegründet. In Kessenich, wo sich auch heute noch der Unternehmenshauptsitz befindet, baute man 1953 mit der Hans-Riegel-Halle die erste Badminton-Halle Deutschlands. Direkt auf dem Betriebsgelände. Sie ist bis heute die einzige, die nach dänischem Vorbild in einer der Flugbahn des Federballs angepassten Parabelform gebaut wurde.

Die hier in den 60er und 70er Jahren noch vorhandene Minigolfanlage und das Clubrestaurant gibt es leider nicht mehr, und neue Firmengebäude drängen sich dicht an die Halle heran, sodass sie nicht mehr frei steht. Innen hat sie aber wenig von ihrem Charme verloren. Seit 1988 ist sie als kommerzielle Anlage für jeden zugänglich. Die Zeiten, in denen man hier nur »ganz in Weiß« auflaufen durfte, sind damit auch vorbei. Auf den stets gut belegten Plätzen (frühzeitig telefonisch reservieren!) geht es in jeder Hinsicht bunt zu. Wer Schwierigkeiten hat, einen Spielpartner zu finden, wirft einen Blick auf die Pinnwand im Eingangsbereich. Die ehemalige Restauration ist auf einen kleinen Service-Bereich zusammengeschrumpft, aber wenigstens noch nicht durch einen Snack-Automaten ersetzt worden. Wer in der Halle spielt, bewegt sich auch historisch gesehen auf »heiligem« Boden. In den 70er Jahren wurden hier große deutsche und internationale Wettbewerbe ausgetragen.

Adresse Hermann-Milde-Straße 1, 53129 Bonn (Kessenich), Tel. 0228/234771, www.badminton-center-haribo.de | **ÖPNV** Stadtbahn 61, 62 oder Bus 630, Haltestelle Bergstraße | **Tipp** Kessenich hat gerade um die Hermann-Milde-Straße herum ein sehr spezielles Flair. Wer die Bäckerei Pesch in der Burbacher Straße findet, weiß, was gemeint ist.

41 Der Haribo Fabrikverkauf

Im Land der Lakritzschnecke

Vor ziemlich genau zehn Jahren war Schluss mit dem Fabrikverkauf von Goldbären und Co. gegenüber des Haribo Hauptsitzes in Kessenich. Viele Bonner bedauern das, obwohl sie mitunter lange Schlangen vor dem kultigen kleinen Laden in der Hans-Riegel-Straße in Kauf nehmen mussten. Das Geschäft war eben so etwas wie eine Bonner Institution.

Der neue Fabrikverkauf an der Friesdorfer Straße gleicht eher einem Supermarkt, hat aber dafür auch Vorteile. Zum Beispiel kann man hier wirklich alle Haribo-Produkte kaufen, die für den deutschen Markt produziert werden. Und das sind immerhin etwa 600 verschiedene Artikel. Darüber hinaus gibt es Spezielles wie Goldbären, nach Farben konfektioniert, in der 1-Kilo-Packung. Ideal, wenn man eine bestimmte Geschmacksrichtung (und davon viel) bevorzugt. An der sogenannten Candy-Misch-Bar kann man sich selbst eigene Mischungen zusammenstellen. Einer der Renner im Laden sind die vorgepackten 4-Kilo-Kartons, bei denen man nicht ganz genau weiß, welche Artikel drin sind, die aber dennoch weggehen wie warme Semmeln.

Busladungen von Austauschschülern, die den Laden fast täglich entern, sprechen dafür, dass auch der neue Fabrikverkauf inzwischen Kultstatus genießt. Es soll auch schon vorgekommen sein, dass der Cabriobus, mit dem man in Bonn »oben ohne« Stadtrundfahrten machen kann, auf Wunsch der Fahrgäste extra bei Haribo vorbeifuhr. Wer seine unbedingte Verbundenheit mit dem »Weltmarktführer im Fruchtgummi- und Lakritzbereich« demonstrieren will, bekommt im Laden Haribo-Devotionalien aller Art. Die Preise der Süßigkeiten richten sich übrigens nach den Einzelhandelspreisen. Richtige Schnäppchen sind also nur drin, wenn beispielsweise einmal ein Auslaufprodukt in die Regale kommt. Sich nachts hier einschließen lassen, das kann man leider nicht, auch wenn das ein häufig geäußerter Kundenwunsch ist.

Adresse Friesdorfer Straße 121, 53175 Bonn (Godesberg-Nord), Tel. 0228/9092930 | ÖPNV U-Bahn 16, 63, 67 oder Bus 612, 614, Haltestelle Wurzerstraße | Öffnungszeiten Mo–Fr 9.30–18 Uhr, Sa 9.30–16 Uhr | Tipp Um den Kalorien erst gar keine Chance zu geben, empfiehlt sich die Anfahrt per Rad. Der Radweg entlang der Bahnstrecke Bonn-Bad Godesberg (Start in der Kaiserstraße, dann stur geradeaus) ist sehr angenehm zu fahren und bringt einen in 20 Minuten ans Ziel.

42 Das Heimatmuseum Lengsdorf

Neuer Wein und alte Geschichten

Um 1904 machte eine Reblausplage dem Weinanbau in Lengsdorf den Garaus. Die vermaledeite Kreatur vernichtete nicht nur hier, sondern überall am Mittelrhein praktisch die komplette Ernte, weswegen sich die Kölner zu jener Zeit angeblich ganz aufs Bierbrauen verlegten. Möglicherweise eine Legende. Erschwerend kam jedenfalls hinzu, dass der gute Moselwein den eigenen Anbau nicht mehr lukrativ erscheinen ließ, und so suchte man nach neuen Verdienstmöglichkeiten, vornehmlich in der Landwirtschaft.

Ein Landwirt namens Heinrich Henseler war es auch, der das Museum gründete, das sich in der alten Schule (erbaut 1836) befindet. Das ehemalige Klassenzimmer dient der geografischen und historischen Verortung. Im ersten Stockwerk jagt in diversen Vitrinen ein Zeitalter das nächste. Über Stock und Stein (meistens Stein) geht es von der Altsteinzeit über die Jungsteinzeit und die Römerzeit, aus der man hier ein bis zwei villa rusticae vermutet, bis zur fränkischen Zeit. Gesicherter sind die Erkenntnisse über die jüngere Vergangenheit. Gegenstände des täglichen Gebrauchs aus allen Lebensbereichen erzählen davon, wie die Menschen hier lebten, und die ein oder andere Geschichte erfährt man gleich aus erster Hand.

Seit 1982 wird in Lengsdorf auch wieder Wein gemacht. Angebaut in den Gärten der Lengsdorfer und hernach gekeltert, wird er alle zwei Jahre beim Weinfest verkauft, und zwar immer in den »geraden« Jahren. In den »ungeraden« findet das Weinfest im benachbarten Duisdorf statt, wo man sich ebenfalls auf die alte Tradition besonnen hat.

Draußen vor der Lengsdorfer Kirche, von der Teile schon zu der Ritterburg gehörten, von der sich der Name des Ortes ableitet, findet sich ein bezeichnendes Beispiel rheinischen Humors: Die hier aufgestellte Rebenpresse besteht im unteren Teil aus einem massiven Steintrog. Es handelt sich dabei um einen fränkischen Sarg.

Adresse Lengsdorfer Hauptstraße 16, 53127 Bonn (Lengsdorf), Tel. 0228/253838 (Herr Kirwald) | **ÖPNV** Bus 604, 605, Haltestelle Lengsdorf Kirche | **Öffnungszeiten** Mi 18–20 Uhr und nach Vereinbarung | **Tipp** Oberhalb von Lengsdorf liegen der Kreuzberg mit der »heiligen Stiege« und die Kreuzbergkirche. Die Kirche ist ganzjährig und täglich zu besichtigen. Die Stiege auch, aber nur von außen. Geöffnet wird sie Karfreitag und Karsamstag sowie am 14. September zum Patronatsfest.

43 Heinrichsblick

Hinrichtung auf dem Vulkan

Von Mehlem aus scheint der Drachenfels auf der gegenüberliegenden Rheinseite zum Greifen nahe. Die Ruine Burg Drachenfels und Schloss Drachenburg thronen auf der majestätischen Erhebung, die gegen den Rhein hin steil abfällt. Weinberge trotzen vereinzelt dem schroffen Fels.

Drachen, Drachen, immer wieder Drachen. Ganz Mehlem ist voll davon, von der Gaststätte Drachenburg bis zum Drachensteinpark, nur einen Drachen findet man überraschenderweise nirgends. Der Park war früher die Gartenanlage der Villa namens, wer hätte es gedacht, »Drachenstein«. Die Mainzer Straße trennt sie heute von ihrem Park, durch den man hinunter zum Rhein spazieren kann.

Romantisch wird es beim Aufstieg auf den Rodderberg. Mit jedem Höhenmeter wirkt das Rheintal imposanter, wird der Blick weiter. Bevor man den Ort, um den sich die romantischste aller hiesigen Sagen rankt, erreicht, kann man einen kurzen Abstecher ins Pleistozän machen. Der Name der Straße, die auf den Rodderberg führt, lässt vermuten, worauf man hier wandert – sie heißt Vulkanstraße. Vor 300.000 Jahren trat hier zuletzt heiße Lava aus der Erde. Das Gebiet um den Krater steht unter Naturschutz und lohnt den kleinen Umweg.

Zurück auf der Vulkanstraße erreicht man nach 100 Metern den Aussichtspunkt Heinrichsblick. Man erkennt ihn an einigen Bänken, einer niedrigen Brüstung und natürlich an der schönen Aussicht, die auf Bonner Seite die letzte Gelegenheit bietet, das Rheintal zu überblicken. Hier, wo früher von Amts wegen Gericht gehalten wurde, wurde auch Heinrich, der Verlobte Kunigundes, zum Tode verurteilt. Unschuldig, wie er bis zuletzt beteuerte. Die Legende will, dass er ein Opfer eifersüchtiger Verehrer Kunigundes wurde, die ihm einen Mord in die Schuhe schoben. Die Unglückliche ging nach der Hinrichtung ihres Geliebten Heinrich ins Kloster Nonnenwerth und starb dort kurze Zeit später an ihrem Kummer.

Adresse Vulkanstraße, 53179 Bonn (Mehlem) | ÖPNV Bus 612, 614, Haltestelle Mehlem Kapelle. Von dort führen viele Wege auf den Rodderberg. | Tipp Wenn man den Aussichtspunkt unwillentlich oder willentlich ein paar hundert Meter verpasst, dann landet man in Rheinland-Pfalz. Bis zum Restaurant »Rolandsbogen«, von dem aus man einen vortrefflichen Blick auf die Rheininseln Nonnenwerth und Grafenwerth hat, ist es nicht mehr weit.

44 Die Helenenkapelle

Oase in den Kolonnaden

Über ein Treppenhaus in den Kolonnaden der Straße »Am Hof« gelangt man in den kleinen und sehr schlichten Andachtsraum der Helenenkapelle. Den Kanonikern des Cassius-Stifts diente die um 1160 errichtete Kapelle als Hauskapelle. Sie wurde mehrfach zerstört und wiederaufgebaut. So 1689 während des Bombardements Bonns durch den Kurfürsten Friedrich I. und während des Zweiten Weltkriegs. Vollkommen umbaut, bildet sie heute einen auffälligen Kontrast zum sie umbrausenden Alltagsgeschehen. Den Blick aus dem zweiten Stock der wenige Meter neben der Kapelle aufragenden Filiale des Kaufhauses SinnLeffers kann man sich gönnen. Er ist zwar weniger spektakulär als oft beschrieben, bietet allerdings die einzige Möglichkeit, die Kapelle von außen zu sehen und sich ein Bild von ihrer Größe und Lage zu machen. Selbst von hier aus wirkt sie klein, und betritt man den Andachtsraum, ist man geradezu enttäuscht ob dessen Enge und Kargheit.

Lässt man den Raum jedoch länger auf sich wirken, gewinnt er ungemein. Das Kreuzgewölbe und die halbrunde Apsis mit dem einfachen Altar strahlen große Würde und Ruhe aus. Die im Verlauf von Renovierungsarbeiten erst in den 1960er Jahren freigelegten Fresken, die, so wird vermutet, aus dem 13. bis 15. Jahrhundert sind, lassen erahnen, dass die Kapelle in dieser Zeit reich verziert gewesen sein muss. Die Bodenplatten stammen noch aus der Entstehungszeit der Helenenkapelle, liegen hier also mal eben knappe 1.000 Jahre.

Während der Säkularisation wurde die Kapelle 1803 Privateigentum und dadurch ihrer klerikalen Funktion enthoben. Weltlich sind auch die Tauben, die die wenigen Sitzgelegenheiten verschmutzen. Die Stadt Bonn, seit 1905 Eigentümerin des Gebäudes, hat ein Schild mit der Aufschrift »Bitte Tür schließen« angebracht, was dazu führt, dass nicht nur die Tauben draußen bleiben, sondern auch manche Touristen.

Adresse Am Hof 34, 53113 Bonn (Zentrum) | **ÖPNV** U-Bahn 16, 63, 66, 67, 68, Haltestelle Universität/Markt | **Öffnungszeiten** 1. April (kein Scherz) bis 30. Sept. 10–15 Uhr | **Tipp** Die wichtigste Kirche des Cassius-Stiftes war die Stiftskirche »St. Cassius und Florentius«, das heutige Bonner Münster. Es ist um die Ecke.

45 _ Die Holzlarer Wassermühle

Ein lebendiges Denkmal

16-mal schneller als das Mühlrad, das sich fünfmal in der Minute dreht, rotiert der Mahlstein, wenn die Mühle in Betrieb ist. In Holzlar ist das keine graue Theorie, sondern erlebbar, denn die hiesige Mühle arbeitet in ihren grundsätzlichen Funktionen genau so, wie sie es über fünf Generationen lang getan hat. Wenn die Wasserkraft Rad und Welle in Bewegung setzt, die zusammen mehrere Tonnen wiegen, steht der Besucher staunend vor dem imposanten Räderwerk im Untergeschoss. So wurde hier bis in die 1950er Jahre Korn gemahlen.

Die erste Erwähnung einer Mühle in Holzlar stammt aus dem Jahr 1502. In ihrer jetzigen Form datiert die Mühle um 1822, damals neu errichtet von Wilhelm Reuter und seinem Sohn Mathias. Das Gewerbe profitierte von der kurz zuvor erfolgten Aufhebung der mittelalterlichen Bannrechte und der von Napoleon eingeführten Gewerbefreiheit. Im Laufe der Zeit wurden einige technische Veränderungen vorgenommen. So wurde 1892 ein Dampfkessel zum Betrieb einer Dampfmaschine angeschafft und 1925 ein Elektromotor zur Unterstützung in wasserarmen Zeiten eingebaut. 1955 hörten die Räder auf sich zu drehen. Mit der Gründung des Vereins Holzlarer Mühle e. V. im Jahre 1989 begann die Wiederherstellung der zwischenzeitlich stark verfallenen Anlage.

Dank der Arbeit des Vereins und vieler freiwilliger Helfer kann man sie nun wieder in dem Zustand besichtigen, der dem Stand zur Zeit der Stilllegung entspricht. Nur die Mühlenteiche, die sich oberhalb des Bauwerks befanden, gibt es nicht mehr. Das Wasser, das das Mühlrad antreibt, kommt aus einer Zisterne und wird von dort in den »Kähner« gepumpt, die Rinne, von der es auf das Mühlrad gelangt. Die Geschichte der Holzlarer Mühle geht vermutlich noch über das Jahr der ersten Erwähnung hinaus. Heute ist sie die einzige funktionsfähige historische Mühle im Bonner Stadtgebiet und als solche ein frühindustrielles Kulturdenkmal.

Adresse Mühlenweg, 53229 Bonn (Holzlar), www.holzlarer-muehle.de | ÖPNV Bus 608, Haltestelle Heideweg/Holzlarer Mühle | Öffnungszeiten Die Öffnungszeiten können von Jahr zu Jahr variieren, und man schaut am besten auf die Internetseite. | Tipp Der alte evangelische Friedhof (Seite 132) ist fußgängig nur zehn Minuten entfernt. Wasserratten sollten im Sommer den Ausflug mit einem Besuch im nahe gelegenen Ennertbad in Pützchen verbinden.

46 Holzwurm & Blattlaus

»Man muss sehen, dass alles am Klappen bleibt«

Alles, was bei Holzwurm & Blattlaus ankommt, hat ausgedient. Ein Fenster aus einem Haus, das, als eines der wenigen in der Bonner Altstadt, das Bombardement überstanden hat. Wandverkleidungen aus der Rosenburg. Deckenbalken aus dem ehemaligen Frauenhaus der LVR-Klinik. »Als Stele ein Traum«, sagt Klaus Thull, der Inhaber des Ladens. Was wieder vom Hof geht, hat ein neues Leben bekommen, es wurde »neu definiert«, wie er sagt. »Upcycling« nennt man das neudeutsch, aber das Wort will man ja eigentlich gar nicht in den Mund nehmen. Möbel für Individualisten, Ladeneinrichtungen, Objekte aller Art, so manches wird hier gebaut. Oder Einzelstücke und Konvolute werden an Kunden abgegeben, die selbst eine Vorstellung davon haben, was damit anzufangen wäre.

Leuchtbuchstaben gehen immer gut. In einer Ecke steht das große M von Möbel Franz. Irgendwo steht noch öbel Franz (oder ein selbstverliebter Franz hat es gekauft), und die Buchstaben g, e, k, o, n, n und t hat man, zum Zwecke der Eigenwerbung, in die Toreinfahrt gehängt. Aber e, i, n, r, i, c, h, t, e und n sind noch zu haben. Auch der Schriftzug »Restaurant«, der einst am Hotel Beethoven hing, bevor es 2010 einen letzten Seufzer als Gastgeber der Ausstellung »fully booked« tat. Da würde man schon alleine wegen des Schriftzuges gerne ein Restaurant eröffnen, das einfach »Restaurant« heißt.

Es gibt Stücke aus dem ehemaligen Gästehaus der Bundesregierung, auch aus dem alten Wasserwerk, einem kürzlich geschlossenen Jugendheim, aus Fabriken und Privathäusern; sie kommen überallher. Man könnte sich ein kleines Haribo-Museum zusammenstellen. Oder ein Schlüssel-Museum eröffnen. »Hier ist noch keiner vom Hof gegangen, dem nicht geholfen wurde.« Pflanzen gibt es hier übrigens nicht. Die »Blattlaus« ist das Überbleibsel einer früheren Geschäftsverbindung, die etwas mit Zimmerpflanzen zu tun hatte.

Adresse Bonner Straße 55, 53173 Bonn (Bad Godesberg), Tel. 0228/674515, www.holzwurm-blattlaus-thull.de | **ÖPNV** Bus 612, Haltestelle Bonner Straße, U-Bahn 16, 63, 67, Haltestelle Plittersdorfer Straße | **Öffnungszeiten** Mo–Fr 10–18 Uhr, Sa 10–13 Uhr | **Tipp** Im Tearoom »First Flush« in der Nähe des Rathauses (Markt 6) kann man beim Tee entspannt einen Blick auf eine Inneneinrichtung werfen, die zum Gutteil von Holzwurm & Blattlaus stammt.

47 Das Horst-Stoeckel-Museum

Eine »Eiserne Lunge« für Bonn

Am besten fragt man nach der Mensa, wenn man das Horst-Stoeckel-Museum für die Geschichte der Anästhesiologie sucht, denn die kennt auf dem Klinikgelände am Venusberg jeder. Von dem in der Fachwelt gefeierten Museum hat hingegen kaum jemand gehört. Zugegeben, es ist klein und nicht sehr auffällig. Aber es hat es »in sich«! Der Gründer, Prof. Dr. Horst Stoeckel, der sämtliche Exponate zusammentrug, führt noch heute, mehr als zwei Jahrzehnte nach seiner Emeritierung, mit ansteckender Begeisterung durch seine Sammlung.

Von »strategischer Ordnung« spricht er, wenn er den Aufbau der Dauerausstellung erläutert: »Die Tätigkeiten eines solchen Museums sind erstens: das Sammeln der Objekte, zweitens: die Bewahrung in geeigneten Räumen und Behältnissen und drittens: die Präsentation in der Öffentlichkeit und die Interpretation der Inhalte des darstellbaren Teils des kulturellen Erbes der jeweiligen fachlichen Disziplinen.« Sätze, bei denen einem beim Zuhören passenderweise leicht schwindelig wird. Allerdings kann man daran ermessen, wie wichtig ihm die streng wissenschaftliche Betrachtung ist und wie viel Sachverstand und Herzblut in die Ausstellung geflossen sind.

Als das Geburtsdatum der modernen Anästhesiologie gilt der 16. Oktober 1846. Damals gelang in Boston erstmals eine erfolgreiche Äther-Inhalationsanästhesie an einem Patienten. Es folgten, wie in der Ausstellung zu sehen, eine rasante Entwicklung von Apparaturen und die Erprobung neuer Methoden. Lückenlos dokumentiert ist die Entwicklungsgeschichte eines der wichtigsten Geräte, des sogenannten »großen Narkosegerätes«, über einen Zeitraum von 100 Jahren! Weitere spektakuläre Exponate sind eine »Eiserne Lunge« und ein kompletter Operationssaal von 1930. Das Spezialmuseum ist weltweit eines von nur drei seiner Art. Vergleichbares findet man nur noch in Chicago und London.

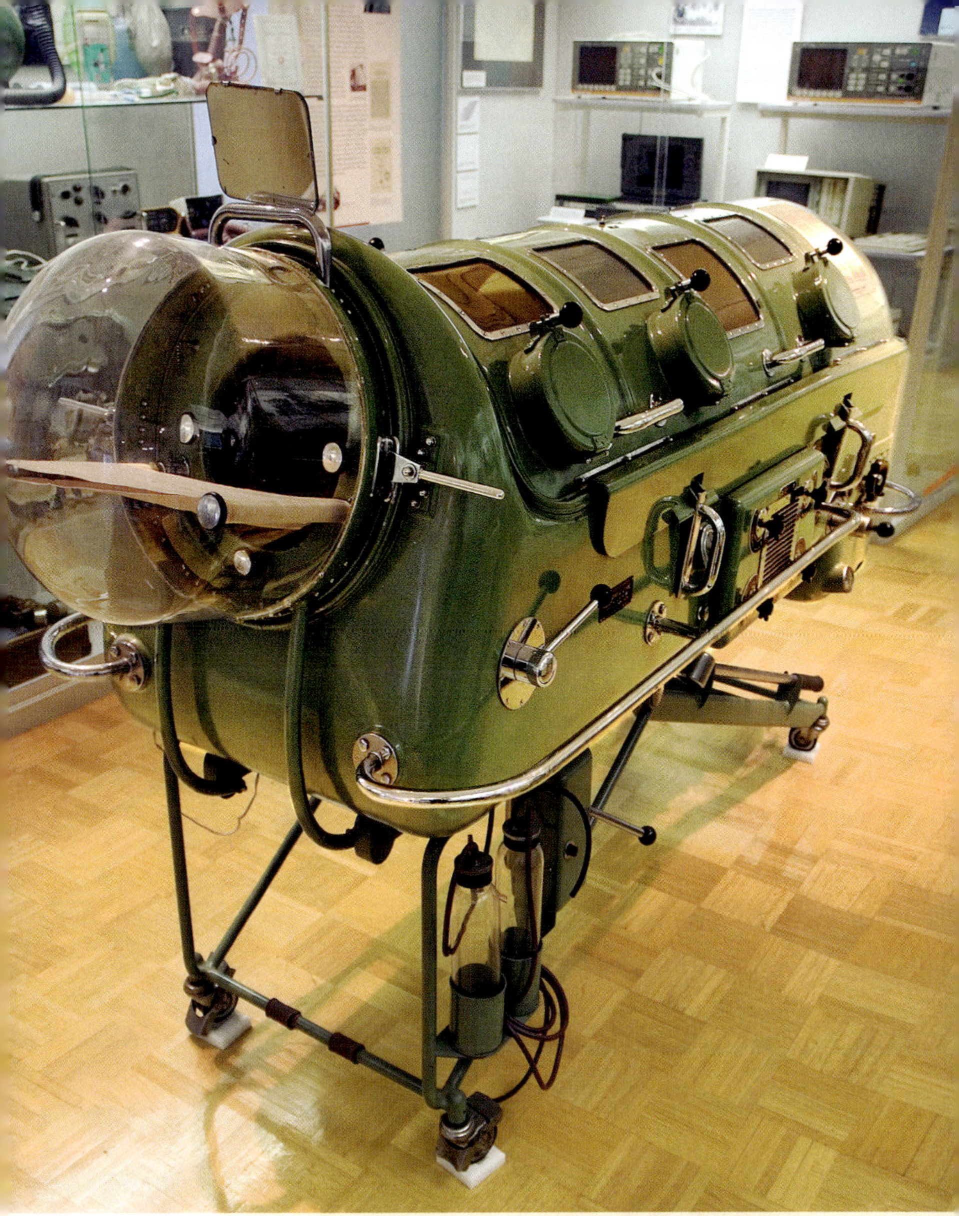

Adresse Sigmund-Freud-Straße 25, 53127 Bonn (Venusberg), Tel. 0228/28716876 | **ÖPNV** Bus 601, 630, Haltestelle Hauptpforte Kliniken. Das Museum befindet sich im Dekanatsgebäude zwischen Mensa und Frauenklinik. | **Öffnungszeiten** Mo–Fr 9–13.30 Uhr, Führungen nach Vereinbarung | **Tipp** Links der Mensa beginnt ein Wanderweg, auf dem man nach etwa 300 Metern den Aussichtspunkt Dottendorfer-Jugend-Kreuz erreicht, von dem aus man einen schönen Blick auf Bonns neue Mitte und Godesberg hat.

48 Die iranische Botschaft

Hingestellt und nicht abgeholt

Eine Auswahl von acht »Kaufempfehlungen in bester Lage« propagierte die Süddeutsche Zeitung 2012 in einem amüsanten »Bericht aus Bonn« über die verlassenen Botschaftsgebäude, die seit dem Umzug der ausländischen Vertretungen hier ungenutzt herumstehen. Zu den vorgestellten Immobilien gehörte auch die Botschaft des Iran. Die Angestellten der angrenzenden Tankstelle betrachten das Unikum inzwischen als ihre eigene kleine Sehenswürdigkeit, die sie mit Stolz präsentieren. Wie viele der ehemaligen Botschaften ist sie ein Protzbau, an dem die toten Augen (obwohl, man weiß es nicht) von Überwachungskameras demonstrativ den Hochsicherheitsstatus des Objektes unterstreichen.

Die Geschichte der ehemaligen Botschaften in Bonn würde ein Buch füllen. Die meisten wurden nach dem Auszug der Vertretungen einer neuen Bestimmung zugeführt. So wurde aus der Botschaft von Mali eine Kindertagesstätte und aus dem Gebäude der Republik Korea ein Altenheim. Der Turmhof in Plittersdorf war seit 1951 im Besitz des Heiligen Stuhls, also des Vatikans. Er ist eine der wenigen erhaltenen Villen aus der ersten Hälfte des 19. Jahrhunderts in Bonn. 1935 war dort eine Reichsführerinnenschule des BDM. Die DDR hatte aufgrund ihres Sonderstatus in Bonn offiziell keine Botschaft. Der Nomenklatur nach wurde sie wie die westdeutschen Bundesländer behandelt und hatte eine ständige Vertretung. Die »StäV«, an der Godesberger Allee 18, wird heute von der Deutschen Gesellschaft für Ernährung genutzt.

Was tun mit den verbliebenen Immobilien? Sie befinden sich noch im Besitz der jeweiligen Nationen, und wenn die kein Interesse an einer Entäußerung zeigen, braucht man über eine Nutzung gar nicht nachzudenken. So tut man notgedrungen gar nichts. Gespannt darf man sein, an wen, sollte es je zum Verkauf kommen, der Erlös für die ehemalige Botschaft Jugoslawiens überwiesen wird. Sie steht aufgrund »ungeklärter Eigentumsverhältnisse« leer.

Adresse Godesberger Allee 133, 53175 Bonn (Friesdorf) | **ÖPNV** U-Bahn 13, 63, 67, Haltestelle Max-Löbner-Straße/Friesdorf | **Tipp** Ein Stück weiter stadtauswärts steht an der Godesberger Allee die ehemalige Botschaft Saudi-Arabiens, die man ebenfalls gesehen haben muss. Einen interaktiven Stadtplan, auf dem 125 Standorte ehemaliger Botschaften eingetragen sind, findet man unter www.googis.de/bonn_bundeshauptstadt_1991.

49 Die Jugendfarm Bonn

Zutritt für Erwachsene nur in Begleitung ihrer Kinder

Normalerweise sieht man hier überhaupt keine Erwachsenen. Ja, liebe Eltern, ihr müsst leider draußen bleiben, denn eure Kinder sollen sich hier möglichst selbst beschäftigen. Zwar sind immer Betreuer in der Nähe und stehen mit Rat zur Seite, aber nur wenn sie gebraucht werden. Und das gilt hier überall. Zum Beispiel auf dem Bauspielplatz, kurz »Baui« genannt. Hier können die Kinder hämmern, sägen, schrauben und für größere Vorhaben sogar Bauhütten »anmieten«. Es wird dauernd erweitert, wieder abgerissen oder umgebaut, ohne dass sich ein »Großer« einmischt. Im Idealfall erlernen die Kinder so »spielend« und im Umgang miteinander soziale Fähigkeiten, von denen sie ganz unmittelbar profitieren oder die sie später in ihren Lebensalltag einbauen können.

Und warum heißt es Farm? Weil es hier auch Ponys, Schweine und diverse Kleintiere gibt. Auch um die kümmern sich die Kinder weitgehend in Eigenregie. Wer sich einer Gruppe anschließt, kommt einmal in der Woche, oder auch öfter, zum Füttern und Pflegen der Tiere hierher. Das macht Arbeit und braucht auch ein bisschen Disziplin, doch das Übernehmen von Verantwortung wird belohnt. Kümmert man sich beispielsweise um die Ponys, darf man später reiten lernen.

Wer gar nicht reiten lernen will, baut vielleicht lieber ein Floß und lässt es auf dem Teich zu Wasser, der zum Gelände gehört. Oder denkt sich irgendetwas anderes aus. Kinder entwickeln ganz automatisch Phantasie, wenn sie nicht rund um die Uhr bespielt und bespaßt werden.

Die Jugendfarm ist aus den Ideen und Idealen der 70er Jahre entstanden. Sie ist ein Angebot des Vereins Jugendfarm Bonn e. V., der 1985 gegründet wurde. Die Betriebs- und Personalkosten werden im Wesentlichen von der Stadt Bonn getragen, die auch das Gelände zur Verfügung stellt. Das Angebot kann von allen Kindern zwischen sechs und 14 Jahren zu den Öffnungszeiten genutzt werden.

Adresse Holzlarer Weg 74, 53229 Bonn (Innenstadt), Tel. 0228/629879-30 beziehungsweise -20 (mit AB) von 14.30–18 Uhr, www.jugendfarm-bonn.de | **ÖPNV** Bus 608, 609, Haltestelle Pützchen Schule | **Öffnungszeiten** März–Okt. Di–Fr 14.30–19 Uhr, Sa 12–18 Uhr, Nov.–Feb. Di–Fr 14.30–18 Uhr, Sa 12–18 Uhr | **Tipp** Außer der Farm betreibt der Verein noch weitere betreute »Spielplätze« und bietet pädagogische Gruppenarbeit an. Wer Hilfe und Beratung bei der Erziehung sucht, findet Angebote und Kontaktdaten auf der Homepage oder kann die zentrale Telefonnummer 0228/629879-0 anrufen.

50 Das Junge Theater Bonn

Große Kulisse für Kleine

Mit 135.000 Zuschauern im Jahr, fast so vielen wie im Städtischen Theater, ist das Junge Theater Bonn (JTB) kein Geheimtipp, was aber nicht heißt, dass man es nicht gesehen haben muss. 350 Vorstellungen, fünf bis sechs Premieren und ein Repertoire von zehn bis zwölf Stücken im Jahr, das klingt nach professioneller Theaterarbeit. Und nichts anderes wird beim JTB gemacht: professionelles Theater – aber nicht nur für, sondern auch mit Kindern und Jugendlichen.

Rund 60 Nachwuchsdarsteller spielen hier zusammen mit dem ganzjährig fest angestellten Profiensemble. Oft auch Hauptrollen, wenn diese ihrem Alter entsprechen. Denn das ist das Konzept: die Rollen von Kindern und Jugendlichen konsequent mit Darstellern im passenden Alter besetzen. Eigentlich naheliegend, denn erfahrungsgemäß identifizieren sich junge Zuschauer dadurch sehr viel einfacher und schneller mit den Figuren. Und die Kids profitieren nicht nur als Publikum von dieser Idee. Sie werden auch dazu animiert, selbst zu Akteuren zu werden und einmal Bühnenluft zu schnuppern. Das Interesse daran ist mehr als überwältigend. Etliche hundert Bewerber sind keine Seltenheit, wenn das JTB Kinder für eine neue Produktion sucht.

Der Spielplan umfasst vor allem moderne und klassische Kinder- und Jugendliteratur für jedes Alter. Durch seinen herausragenden Ruf erhält das Theater immer häufiger die Rechte für exklusive Spitzenstoffe, die hier für die Bühne bearbeitet und dann zur Uraufführung gebracht werden. Seit einigen Jahren werden außerdem Eigenproduktionen zusammen mit Jugendlichen entwickelt, die sehr nah an der Lebensrealität heutiger Teenager sind. Das ist der Grund dafür, dass das JTB inmitten von durchinszenierten Freizeitangeboten einen weiteren besonderen Erfolg feiert: In Bonn ist es cool, als Jugendlicher mit seinen Freunden ins Theater zu gehen. Jedenfalls wenn es das JTB ist!

Adresse Hermannstraße 50, 53225 Bonn (Beuel), Tel. 0228/463672, www.jt-bonn.de | **ÖPNV** Stadtbahn 62, 65, 66, 67, Haltestelle Konrad-Adenauer-Platz und Bus 606, Haltestelle Beuel Krankenhaus (direkt am Theater) | **Tipp** Das Junge Theater Bonn betreibt auch eine Schauspielschule, an der man Schnupperkurse belegen kann. Wer Zeit hat, schlendert die Hermannstraße bis zur Hausnummer 94 hinunter. Dort ist ein kleiner und sehr hipper Secondhandladen namens »Schein und Trug«.

51 Die Karstadt-Terrasse

Das Münster, wie man es noch nicht gesehen hat

Einer der interessantesten Aussichtspunkte Bonns liegt mitten in der Stadt, und man kommt sehr bequem per Rolltreppe dorthin. In der Bonner Karstadt-Filiale gibt es ein Restaurant mit einer schmalen Terrasse, von der aus man einen exquisiten Blick auf die Türme des Münsters hat. Man nimmt, wie gesagt, die Rolltreppe, lässt sich bis zum vierten Stock chauffieren und findet dort den Ausgang zur Terrasse links vom Mitarbeiterbereich. Wer mag, kann sich im Restaurant etwas zu essen besorgen (die Auswahl ist opulent und verführt zum beherzten Zugreifen) und mit hinausnehmen. Über das Preis-Leistungs-Verhältnis möge sich jeder selbst ein Urteil bilden. Die Terrassen-Profis erkennt man an den LeBuffet-Kaffeetassen und den Tüten, die die Signets der Bäckereien aus dem näheren Umkreis tragen.

Nach links schaut man am Rathaus vorbei bis in die Bonngasse, wo die Türme der Namen-Jesu-Kirche aufragen. Rechts, die Poststraße hinunter, fällt der Blick auf das Portal des Hauptbahnhofs.

Hartgesottene können hier etwa ab April draußen sitzen. Je nach Witterung geht es dann bis Oktober oder in den November hinein. Ob die Terrasse geöffnet ist oder nicht, ist stark wetterabhängig und nicht vorauszusagen. Als Faustregel mag gelten, dass sie bei Schnee und Glatteis eher zu ist. Das Rauchen ist selbstverständlich gestattet.

Die Terrasse ist ein Highlight, doch das Restaurant hat noch einen weiteren Aussichtspunkt zu bieten. Geht man ganz bis nach hinten durch, stößt man unweigerlich auf die Ecke der Fassade, die in diesem Bereich bis zum Boden verglast ist. Schafft man es, den Tisch zu ergattern, der genau in der Ecke steht, hat man gewonnen. Hier »schwebt« man quasi über dem Münsterplatz und kann Ludwig van über die Schulter schauen. Ein Logenplatz. Also, Veranstaltungskalender für den Münsterplatz besorgen und rechtzeitig bei Karstadt den »Ecktisch« sichern. Bingo!

Adresse Poststraße 23, 53111 Bonn (Zentrum), Tel. 0228/72240 | ÖPNV alle Verkehrsmittel, die zum Hauptbahnhof fahren | Öffnungszeiten Mo–Sa 9.30–20 Uhr | Tipp Über die Veranstaltungen der Stadt informiert die Bonn-Information, die direkt um die Ecke, in der Windeckstraße 1, zu finden ist.

52 Das Kemper Werth

In tiefsten Tiefen

Das Kemper Werth, die Landzunge zwischen Rhein und Sieg, kann man nur per pedes oder mit dem Fahrrad erkunden. Zu Fuß umrundet man es, wenn man gemütlich geht, in etwa zwei Stunden. Das Naturschutzgebiet beheimatet viele, zum Teil seltene Tierarten. Mit etwas Glück sieht man hier einen Eisvogel oder einen Kleinen Eisvogel (nicht wie sein Namensvetter ein Vogel, sondern ein Schmetterling).

Das Kemper Werth, ursprünglich eine Rheininsel, wurde erst durch die Begradigung der Sieg und die Aufschüttung eines Damms im Jahre 1852 zu einer Halbinsel. Seitdem verläuft die Sieg bis zu ihrer Mündung bei Rheinkilometer 659 ein gutes Stück parallel zum Rhein. Durch Verlandung im Bereich des Damms nahm das Kemper Werth seine heutige Form an. 1620 errichteten niederländische Truppen, die den Rhein hinauf bis nach Bonn vordrangen, hier eine Festung. Möglicherweise wählten sie den Standort aufgrund ihrer eingefleischten geografischen Präferenzen. Das Kemper Werth ist mit einer Höhe von 45,6 Metern über dem Meeresspiegel der niedrigste Punkt Bonns.

Was die Festung betrifft: Eine alte Bezeichnung für das Kemper Werth lautet »Pfaffenmütze«. – Die Form der Festung glich der Kopfbedeckung katholischer Geistlicher, was man anhand alter Karten noch gut nachvollziehen kann. Die Niederländer gaben sie bereits 1622, nach der Belagerung durch spanische Truppen unter Heinrich von dem Bergh, wieder auf. Heute ist von dem Bauwerk nichts mehr zu sehen.

Auf meist unbefestigten Wegen erreicht man die Siegmündung an der Spitze der Landzunge. Manche Besucher wissen den Ort leider nicht zu würdigen und lassen ihren Dreck herumliegen. Sieht man darüber hinweg, hat er etwas Erhabenes. Rhein und Siegzufluss bilden gemeinsam einen breiten Flussabschnitt, was umso dramatischer wirkt, als der Rhein ein Stück weiter flussaufwärts, bedingt durch die Landzunge, noch verhältnismäßig schmal ist.

Adresse Kemper Werth, 53225 Bonn (Geislar) | **ÖPNV** Bus 550, SB55, Haltestelle Schwarzrheindorf Siegaue; mit dem Rad linksrheinisch die Friedrich-Ebert-Brücke und rechtsrheinisch von Beuel auf dem Rheindeich | **Tipp** Mit 194,8 Metern über dem Meeresspiegel ist der Paffelsberg in Beuel die höchste Erhebung im Stadtgebiet. Wen die 149,20 Höhenmeter und die Entfernung von zehn Kilometern bis zum Paffelsberg nicht abschrecken, macht eine Niedrigster-Punkt-Höchster-Punkt-Tour.

53 Der Kiosk Rheinbiss 648

Der vermutlich kleinste Biergarten Bonns

Die Rheinfähre »Konrad Adenauer«, Baujahr 1967 – das Todesjahr des Altkanzlers –, hat gerade wieder eine ihrer circa 60.000 Überfahrten hinter sich, die sie jährlich auf der Strecke von Bad Godesberg nach Niederdollendorf und zurück absolviert, und donnert geräuschvoll gegen den Anleger. Der Fahrstil der Fährmänner erinnert an Schiffsschaukelbremser. Das wird wohl auch schon zu Adenauers Zeiten so gewesen sein, der in Rhöndorf wohnte und die Fährverbindung deshalb häufig nutzte.

Den Kiosk oberhalb der Anlegestelle hat er sicher auch gekannt, denn der wurde bereits kurz nach dem Krieg aufgestellt. Seinerzeit war er nicht viel mehr als eine Bretterbude. Später wurde ein festes Gebäude errichtet, zu dem auch eine kleine Wartehalle für die Passagiere der Fähre gehörte. Zwei Generationen lang betrieb die Familie Knauf den Kiosk, bevor ihn die Familie Dolff übernahm, von der er ebenfalls bereits in der zweiten Generation geführt wird.

In der ehemaligen Wartehalle ist heute der Imbiss. Daneben läuft der Kioskbetrieb, und daran schließt sich ein sehr kleiner Biergarten an. Drei Tische und ein paar Stühle, mehr steht hier nicht, aber der Rheinblick ist genauso schön wie bei den »Großen«. So schön sogar, dass das Panorama mit Blick auf den Petersberg und das ehemalige Gästehaus der Bundesregierung früher gerne für TV-Interviews mit Spitzenpolitikern genutzt wurde. An Prominenz ist man hier also gewöhnt, genau wie an das jährlich wiederkehrende Rheinhochwasser und die unvermeidlichen Hochwassertouristen.

Apropos Touristen: Keine 100 Meter rheinaufwärts legen die großen Ausflugsschiffe der Köln-Düsseldorfer an. Ein schönes Bild. Die Politiker kaufen ihre Tageszeitung heute in Berlin, und man sieht sie seltener am Rhein, aber der »schöne« Consul Weyer schaut schon mal ab und zu vorbei. Der, immerhin, wohnt noch im Viertel und ist Bonn treu geblieben. Auf der anderen Rheinseite liegt Paul-Spinat-Land. Aber das ist eine andere Geschichte.

Adresse Von-Sandt-Ufer 999, 53173 Bonn (Plittersdorf) | ÖPNV Bus 610, 615, 637, 638, 855, Haltestelle Otto-Kühne-Schule oder Bus 855 bis Bad Godesberg Fähre | Öffnungszeiten täglich 10–18 Uhr, wetterbedingt gegebenenfalls auch länger, im Winter für einige Wochen geschlossen | Tipp Oberhalb des Kiosks liegt der Leserpark. Der wunderschöne kleine Park gehört zum Anwesen des Gründers der Firma Solarworld, Frank Asbeck, dem »Sonnenkönig« von Bonn. Der Park ist für jedermann zugänglich.

54 Die Klais-Orgel

»Hidden Champions« und Beethovens musikalische Früherziehung

Am 6. Mai 2012 fand die feierliche Einweihung der neuen Orgel in der evangelischen Schlosskirche statt, und das historische Hauptgebäude der Friedrich-Wilhelms-Universität war um eine Attraktion reicher.

Die Schlosskirche befindet sich im Südostturm des Barockschlosses am Regina-Pacis-Weg. Sie wurde als Hofkapelle für die Kurfürsten errichtet. Die erste Orgel wurde hier 1784 eingebaut. Der junge Beethoven traktierte sie im Rahmen seiner Ausbildung.

Da sich zur Zeit der Kurfürsten im Nordostturm ein Glockenspiel befand, sollte auch das neue Instrument über ein Glockenspiel verfügen. Ebenso wurde der Registerverteilung des Vorgängerinstruments, die als »italienischer Anklang« beschrieben wird, mit der neuen Orgel Rechnung getragen. Größten Wert legte man auf eine optimale Einpassung der Orgel in den einmaligen Raum der Schlosskirche. Mit der Ausführung wurde die Johannes Klais Orgelbau GmbH & Co. KG betraut.

Die Firma Klais, mit Sitz in der Kölnstraße, wurde 1882 von Johannes Klais gegründet. Sie ist eine der weltweit führenden Orgelbauwerkstätten und zählt in Deutschland zu den sogenannten »Hidden Champions«. Darunter versteht man kleine oder mittelständische Unternehmen, die weltweit Marktführer in ihrer Brache sind oder die Plätze zwei bis drei belegen. Sie sind in der Öffentlichkeit kaum bekannt (daher der Name), in der Regel hoch spezialisiert, und ihr Exportanteil ist relativ hoch. Man findet sie überall in der Welt, in Deutschland jedoch besonders häufig.

Die neue Klais-Orgel hat 1.595 Pfeifen, 30 Schalenglocken und einen Zimbelstern. Sie ist der erste vollständige Orgelneubau in der Bonner Innenstadt seit den 1960er Jahren. Hören kann man sie bei den regelmäßig stattfindenden Orgelkonzerten und während der chentlichen Gottesdienste.

Adresse Schlosskirche, Am Hof 1, 53113 Bonn (Zentrum) | ÖPNV U-Bahn 16, 63, 66, 67, 68, Haltestelle Universität/Markt | Öffnungszeiten der Schlosskirche: Im Semester Mo–Fr 13–15 Uhr, in den Semesterferien Di–Do 10–15 Uhr. Außerhalb dieser Zeit kann man im Schlosskirchenbüro (Tel. 0228/737510) anfragen. | Tipp Immer im August finden die Internationalen Stummfilmtage Bonn im Arkadenhof der Bonner Universität statt, die man nicht verpassen sollte (www.internationale-stummfilmtage.de).

55 __ Das Klassenzimmer

Auf den Tisch kommt, was gekocht wird

Die Bachhöfe, vormals Bachschule, sind ein historischer Gebäudekomplex aus zwei Häusern mit einem verbindenden Hof in der Mitte. Fast 100 Jahre fand hier Schulunterricht statt. Dann standen sie leer, bis mutige private Investoren ein Konzept für die Nutzung entwickelten und die Häuser aufwendig renovierten. In einem davon eröffnete das »Klassenzimmer«, eine Kombination aus Kochschule und Restaurant. Hier finden an drei Tagen der Woche Kochkurse statt, an den übrigen Tagen bewirtet man Gäste. Tritt man ein, steht man mit einem Fuß schon so gut wie in der Küche. Die Tische stehen nur einige Stufen höher.

Das »Ein-Raum-Konzept« ist phänomenal. Kochen als Live-Übertragung sozusagen. Eine feste Speisekarte sucht man vergeblich, und man wird auch keine Tiefkühltruhe finden. Es wird gekocht, was sich gerade saisonal anbietet und regional und frisch eingekauft werden kann. Betreiber Patrick Panahandeh und seine Teamspieler kommen nicht aus der klassischen Gastronomie, sondern haben Lebensmittel »studiert«, was nicht heißt, dass hier mit der Pipette gekocht wird. Ganz im Gegenteil. Aber es geht eben auch um Grundsätzliches wie: Was kaufe ich ein, und was ist wo drin, oder auch: Was kann ich womit eigentlich machen?

Im Gebäude gegenüber bespielt die Galerie Judith Andreae das Erdgeschoss und den Keller mit zeitgenössischer, junger Kunst und fungiert als kultureller Durchlauferhitzer im Viertel. Neben den Ausstellungen gibt es hier, meist kostenfrei, Vorträge, Konzerte und Lesungen. Auf dem »Schulhof« gibt es regelmäßig den »Talentschuppen«, der Leuten, die auf dem Weg in die Selbstständigkeit sind, ermöglicht, ihre Leistungen und Waren feilzubieten.

Dass die Bachhöfe erhalten wurden und jetzt ein Treffpunkt für kreative Menschen sind, die sich auf den unterschiedlichsten Ebenen vernetzen wollen, ist gut für die Godesberger und für alle, die dieses Angebot nutzen.

Adresse Bachhöfe, Paul-Kemp-Straße 7–9, 53173 Bonn (Bad Godesberg), www.genussreichkochen.de und www.galerie-andreae.de | **ÖPNV** U-Bahn 16, 63, 67, Haltestelle Plittersdorfer Straße | **Öffnungszeiten** Klassenzimmer: Mo–Mi Kochschultage, Restaurant: Do–Sa 12–15 und 18.30–24 Uhr, So Brunch 11–16 Uhr, Tel. 0228/74886926; Galerie: Di–Fr 13–18 Uhr, Do 13–22 Uhr, Sa 11–15 Uhr und nach Vereinbarung, Tel. 0228/93490881 | **Tipp** Zur Verdauung machen Sie einen Spaziergang die Rheinallee hinunter zum Panoramaplatz.

56 Die Kleiderkammer

Ein freundlicher Service ihrer Heilsarmee

Seit 100 Jahren gibt es die Heilsarmee in Bonn. Der letzte Captain, der hier im Haus wohnte, ging noch auf »Wirtschaftsmission«, so hieß das, wenn er mit einem Leierkasten durch die Kneipen zog und Spenden sammelte.

Die Zeiten ändern sich. Militärische Ränge und Uniformen haben sich, auch bei der Heilsarmee, langsam überlebt. »Kriegsruf«, das offizielle Magazin der Freikirche, wurde 2007 in »Heilsarmee-Magazin« umbenannt.

Seit den 80er Jahren betreibt man im Haus in der Kaiserstraße die Kleiderkammer. Der kleine Kellerraum sieht schon auf den ersten Blick verheißungsvoll aus. Da man hier in der Regel Sachen an Bedürftige abgibt, sind die Preise entsprechend niedrig angesetzt. Die Auswahl ist nicht gerade riesig. Wo wir gerade beim Thema sind: Auf einem Ständer hängt eine Charge von hellblauen Arbeitshemden. Alle picobello, aber alles Übergrößen, bei denen man sich fragt, wer da reinpassen soll. Sie haben SWB-Aufnäher. Vielleicht haben alle großen Busfahrer gleichzeitig gekündigt.

Eine Kleiderkammer ist immer auch ein Raum voller rätselhafter Schicksale. Wie das von dem Herrn, der hier lange Zeit jede Woche im Jaguar vorfuhr und eine Tüte mit wenig getragenen Sachen abgab. Irgendwann kam er nicht mehr. Keiner weiß, warum. Die meisten, die man hier trifft, haben ihre Geschichte, und meistens ist es keine sehr geradlinige. Harald, der ab und zu in der Kleiderkammer aushilft, hält ein Paar Hosen hoch und bemerkt eher mitfühlend als fachmännisch: »Hosen ist immer schwierig. Schon immer gewesen.« Früher war er Bühnentechniker, kam viel herum und lernte etliche Musiker kennen. Unter anderem Wolfgang Niedecken, dem er einmal eine E-Gitarre und einen Verstärker verkaufte. Jetzt lebt er ein bescheidenes Leben und kommt eben so über die Runden. Dass man hier ins Gespräch kommt, gehört dazu. Dass immer auch ein bisschen um die Seele gefeilscht wird, auch.

Adresse Kaiserstraße 65, 53113 Bonn (Zentrum), Tel. 0228/54866789 | **ÖPNV** Straßenbahn 61, 62, Haltestelle Königstraße | **Öffnungszeiten** freitags 14 Uhr, vor der Freitagsandacht | **Tipp** Der Waschsalon »Innovation Point« in der Kaiserstraße 1B hat einiges zu bieten. Hier kann man Klamotten waschen, Kaffee trinken, kopieren und nebenbei noch Livemusik erleben.

57 Die Kommende Ramersdorf

Deutschorden goes Disney

Näher zur Kirche, näher zu Gott, so heißt es. Und man kann auf alten Fried- und Kirchhöfen sehen, wer es sich leisten konnte, Gott »am nächsten« zu sein. Die Gräber der »besseren« Bürger liegen meist nahe einer Kirche oder Kapelle. Auf dem alten Friedhof in Bonn herrschte in dieser Hinsicht lange »Gleichheit vor Gott«, denn es gab dort gar keine Kapelle. Erst 1840 kam man auf den Gedanken, ein romanisches kleines Gotteshaus, das sich auf dem Grundstück der Kommende Ramersdorf befand, Stein für Stein abzutragen und auf dem alten Friedhof wiederaufzubauen.

Dort steht es nun, und die Kommende ist um eine Attraktion ärmer. Sie kann es verschmerzen. Seit 1230 Sitz des Deutschordens, zog hier im 19. Jahrhundert Großbürgertum ein und ließ das Gebäude vom Pariser Architekten Hofmann umgestalten. Die schlichte Kapelle hätte da auch nicht mehr so recht ins Bild gepasst. Hofmann verwandelte die Kommende, dem Geschmack der Zeit und dem damals verbreiteten Hang zum Historismus entsprechend, in ein architektonisches Sahnecreme-Törtchen, das frappierend an die »Traumschlösser« amerikanischer Freizeitparks erinnert.

In den 1970er Jahren wäre die ganze Pracht beinahe verschwunden. Das Gebäude stand dem Bau eines Autobahnkreuzes im Weg. Bürgerengagement rettete es vor dem Abriss. Das Autobahnkreuz wurde zwar trotzdem gebaut, aber um die Kommende herum, sodass sie heute mitten zwischen den Zubringern steht. Eine kuriose Konstellation, die in dieser Form einmalig auf der Welt sein dürfte.

Anzufangen wusste man mit dem Gebäude indes nicht viel, und so kam es 1978 unter den Hammer. Der Käufer des seinerzeit stark renovierungsbedürftigen Objektes hat ein Hotel und eine Gastronomie eingerichtet. Von der Terrasse des Restaurants aus blickt man ins Rheintal. Endlich Rheinromantik! Sie sei jedem gegönnt, der beim Blick auf die Speisekarte wegen der Preise nicht den Appetit verliert.

Adresse Oberkasseler Straße 10, 53227 Bonn (Ramersdorf), Tel. 0228/440734, www.schlosshotel-kommende.de | **ÖPNV** Bus 636, Haltestelle Oberkasseler Straße oder U-Bahn 66, 68, Haltestelle Ramersdorf | **Tipp** Auf der Kommende finden öfter Handwerkermärkte oder Krimi-Dinner statt. Wer möchte oder muss, kann hier auch heiraten. Das Trauzimmer im Rathaus bietet sich ebenfalls an, wenn man in den Hafen der Ehe segeln will.

58 Die Königstraße

Kopf hoch für versteckte Denk- und Merkwürdigkeiten

Bei einem Spaziergang mit »offenen Augen« lässt sich in der Königstraße einiges entdecken. Am ersten Haus auf der linken Seite weist in der Einfahrt eine Gedenktafel auf eine bedeutende Bonner Familie hin. Im Jahre 1863 erwarb der Rabbiner, Publizist und Schriftsteller Ludwig Philippson das Gebäude. Sein Sohn Alfred Philippson, ein weit über Bonn hinaus bekannter Geograf, und dessen Familie lebten hier, bis sie 1942 von den Nazis enteignet und nach Theresienstadt deportiert wurden. Die Philippsons überlebten das KZ und kehrten 1945 nach Bonn zurück. In das Haus in der Königstraße konnten sie nie wieder einziehen.

Ein gutes Stück weiter, an der Ecke zur Argelanderstraße, steht rechter Hand ein Haus mit auffälligen Figuren ganz oben an der Fassade. Eine davon stellt einen Afrikaner dar. Der Bauherr, ein französischer Bankier, verdiente sein Geld in den ehemaligen französischen Kolonien. Wechselt man die Straßenseite (von dort aus sieht man die Fassade sowieso besser), findet man 50 Meter weiter die Hinweistafel auf Robert Schuman, den ersten Präsidenten des Europäischen Parlaments, der in seiner Bonner Zeit hier seine »Studentenbude« hatte.

Schräg gegenüber folgt die Fassade der ehemaligen Kaffeerösterei »A. Zuntz selige Witwe«. Das Gebäude stammt aus dem Jahr 1883. Original erhalten sind nur noch der Giebel und zwei historische Säle. 1976, nach fast 150-jähriger Tradition, war die Firma von Dallmayr und Darboven übernommen worden, die bis heute die Marke »A. Zuntz sel. Wwe.« weiterführt. Die »Letzte Station«, linker Hand an der Ecke zur Poppelsdorfer Allee, ist ein Schmankerl. Legt man den Kopf weit in den Nacken, kann man, gute Augen vorausgesetzt, unter dem Giebel Folgendes lesen: »Mit Gott erbaut nach Schnur und Lot trotz Nachbarn und trotz Bauverbot«. Der streitlustige Besitzer hatte offenbar mit nichts und niemandem einen Vertrag.

Adresse Königstraße, zwischen der Kaiserstraße und der Poppelsdorfer Allee, 53115 Bonn (Südstadt/Poppelsdorf) | **ÖPNV** Straßenbahn 61, 62, Haltestelle Königstraße | **Tipp** Wer mehr Geschichten über die Königstraße und andere Bonner Orte wissen will, sollte sich nach der Lektüre dieses Buches einem »Bonner Stadtspaziergang« mit Rainer Selmann anschließen (Anmeldungen unter Tel. 0228/697682 oder über www.kultnews.de).

59 Die Kraftwagenstraße

Von der Römerstraße zur A 555

Die Römer legten die Straße zwischen Bonn und Köln an, unter Napoleon wurde sie teilweise gepflastert, die Preußen bauten sie aus und erhoben, typisch preußisch, ein »Chausseegeld« für die Benutzung. Nach dem Ersten Weltkrieg stieg das Verkehrsaufkommen auf der Strecke Köln–Bonn sprunghaft an, denn an Sonntagen und Feiertagen machten sich unzählige Ausflügler aus beiden Richtungen auf den Weg in die Eifel und zu den Veranstaltungen am Nürburgring. Im Spitzenverkehr wurden bis zu 1.800 Kraftwagen in der Stunde gezählt. 1929 beschloss der Provinzialverband den Bau einer Schnellstraße und hielt trotz Wirtschaftskrise an dem Vorhaben fest, auch weil die Ausführung als Notstandsarbeit anerkannt wurde. 5.500 Arbeitslose wurden beim Bau der Straße »beschäftigt«, und die veranschlagten Baukosten von elf Millionen Reichsmark wurden deutlich unterschritten.

Als die erste deutsche Autobahn am 6. August 1932 von Konrad Adenauer, damals Kölns Oberbürgermeister, eröffnet wurde, trug sie die offizielle Bezeichnung »Kraftwagenstraße Köln-Bonn«. Die zugelassene Höchstgeschwindigkeit betrug 120 Stundenkilometer. Ein Tempo, das für damalige Verhältnisse als halsbrecherisch galt. Von den Nazis wurde sie nach der Machtergreifung zur Landstraße erster Ordnung herabgestuft. Die Autobahn passte, als Erfindung der Weimarer Republik, nicht ins Propaganda-Konzept. Die Bezeichnung »Reichsautobahn« blieb den nach 1933 eingeweihten Schnellstraßen vorbehalten. Erst 1959 erhielt die Kraftwagenstraße die offizielle Bezeichnung Bundesautobahn 555.

Warum der Potsdamer Platz auch »Bonner Ei« genannt wird, erschließt sich nicht sofort, denn er ist vollkommen rund. Dreht man eine Runde im Kreisverkehr, hat man allerdings schon dreimal das Wort Ei gelesen. Ein bekannter Likörhersteller hat am Platz seinen Hauptsitz und wirbt großflächig mit seinem unsterblichen Slogan. Ei, Ei, Ei …

Adresse Potsdamer Platz, 53119 Bonn (Nord) – Am Verteilerkreis, 50968 Köln (Marienburg) | ÖPNV Bus 604, 605, Haltestelle Gerhardsplatz | Tipp Am 13. September 2008 wurde eine 50 Meter hohe und 48 Tonnen schwere Stahl-Stele des Künstlers Lutz Fritsch aufgestellt. Ihr Pendant wurde einen Tag zuvor am Kölner Verteilerkreis installiert. Bei der nächsten Runde darauf achten.

60 Das Kult41

Der Kulturförderverein Nordstadt e. V. »rockt«

Im Kult41 hat man sich, schon lange bevor das neue Gesetz zum Schutz der Nichtraucher am 1. Mai 2013 in Kraft trat, dazu entschlossen, die Raucher vor die Tür beziehungsweise dahinter zu setzen; hinter die eines stillgelegten Linienbusses nämlich. Die freuten sich außerordentlich über die Sonderbehandlung, und der Raucherbus im Hof bekam selbst Kultstatus. Ein schönes Beispiel dafür, dass hier so manches etwas anders läuft als andernorts.

Der Saal des Kult41 hat eine schöne große Bühne. Bei den meisten Konzerten herrscht die bewährte »alle Regler auf zehn«-Mentalität. Das Kult41 »rockt«. Für das Programm sind die »Chefs« zuständig, und »Chefs« gibt es hier einige. Sie heißen nicht unbedingt so, weil sie mehr zu sagen haben, sondern weil sie mehr arbeiten, und das auch noch ohne Bezahlung. Das klingt nach verkehrter Welt, funktioniert aber nichtsdestotrotz bestens. »Chef« kann jeder werden, der sich dauerhaft engagiert und sich das Vertrauen des Vorstandes und der andern »Chefs« erwirbt. Wer also schon immer Konzerte veranstalten wollte, kann sich hier ausprobieren – wenn er dazu bereit ist, auch mal Thekendienst zu schieben.

Die meisten Gäste kommen wegen der musikalischen Unterhaltung hierher. Das Kult41 ist in erster Linie ein Konzertraum, auch wenn es per definitionem ebenso andere Sparten bedient. Die Bands, die man hier hören kann, rekrutieren sich aus dem Independent-, Punk- oder Alternative-Rock-Sektor. Oft spielen zwei oder drei Bands am Abend, der Eintritt ist stets günstig. Neben den Konzerten gibt es eine Galerie, eine Theatergruppe und den beliebten Kneipenabend »Tumult61«. Ein buntes Programm also, das gut ankommt und das Kult41 seit 1997 zu einer festen Größe im Bonner Kulturleben macht.

Die gelegentlich stattfindenden Treffen aller »Chefs« nennen sich übrigens »Chefsalat«. Schön, dass hier nicht alles so ernst genommen wird.

Adresse Hochstadenring 41, 53119 Bonn (Nord), Tel. 0228/9085707, www.kult41.net | ÖPNV U-Bahn 66 oder Straßenbahn 61, 62, Haltestelle Stadthaus, dann noch circa 5 Minuten zu Fuß durch die Bornheimer Straße bis zum Hochstadenring | Tipp Nebenan ist die Fabrik 45 (siehe Seite 70). Nicht ganz so nah, aber fußnah ist die »neue« Altstadt.

61 Das Kurfürstliche Gärtnerhaus

Außen Barock, innen zeitgenössisch

Neben dem Bonner Kunstverein ist das Künstlerforum wohl der bekannteste Kunstverein Bonns. Seit 1987 sind die beiden Institutionen, sowie die Gesellschaft für Kunst und Gestaltung (GKG), in der ehemaligen »Blumenhalle« am Hochstadenring 22 beheimatet. Während die Genannten im Schulterschluss mit dem Frauenmuseum, dem August-Macke-Haus, der Fabrik 45 und dem Kult41 dem Bonner Norden in Sachen Kunst Gewicht verleihen, betreibt das Künstlerforum weiter im Westen – gewissermaßen als Spielbein – noch einen weiteren Ausstellungsraum, der einen wiederholten Besuch lohnt.

Am Rande des Baumschulwäldchens gelegen, wird der einräumige Barockbau aus der Mitte des 18. Jahrhunderts, der zur Baumschule des kurfürstlichen Hofes gehörte und damals als Gärtnerhaus diente, leider oft übersehen. Seine »inneren Werte« sieht man ihm nämlich leider nicht ohne Weiteres von außen an. Das Gebäude wurde um 1950 von der Stadt Bonn restauriert und war bis 1960 noch unter dem Namen »Jägerhäuschen« bekannt, bis es dann die Bezeichnung »Kurfürstliches Gärtnerhaus im Baumschulwäldchen« erhielt.

Unter der Ägide des Künstlerforums präsentieren sich hier in dreiwöchigem Turnus Künstler und Künstlerinnen, wodurch jährlich 17 Ausstellungen zustande kommen. Sie sind thematisch und stilistisch vollkommen unabhängig. Ein Auswahlverfahren sorgt dafür, dass die gezeigten Arbeiten zwar vielleicht nicht immer jedermanns Geschmack treffen, aber von durchweg hoher Qualität sind. Für die Dauer »ihrer« Ausstellung betreuen die Künstler den Raum eigenverantwortlich, weshalb man sie hier zu den Öffnungszeiten in aller Regel auch persönlich antrifft. Eine gute Gelegenheit für ein vertiefendes Gespräch, für das im Getümmel einer Vernissage oft keine Zeit bleibt.

Adresse Beethovenplatz 1, 53115 Bonn (West), www.kuenstlerforum-bonn.de | ÖPNV Alle Busse, Stadtbahnen und U-Bahnen bis Haltestelle Hauptbahnhof. Von dort aus sind es 10 Minuten Fußweg. | Öffnungszeiten Di–Sa 14–18 Uhr, So 11–14 Uhr | Tipp Das Baumschulwäldchen gehörte zur Zeit der Kurfürsten zu einem geschlossenen Grüngürtel, der sich bis zur Poppelsdorfer Allee erstreckte. Er wurde später zersiedelt, bietet aber beispielsweise mit der Beethovenstraße oder der Meckenheimer Allee immer noch sehr aparte und auf ihre Weise charakteristische Straßenzüge.

62 Linders Baumgarten

Der alte evangelische Friedhof in Holzlar

Am Rande eines Wohngebietes und idyllisch zwischen Obstwiesen gelegen, erinnert der kleine Gottesacker mit der steinernen Einfriedung, dessen ursprünglicher Name »Linders Baumgarten« lautete, immer noch an einen Garten. Hermann Linder, geboren 1620, lebte in einer Zeit, die stark davon geprägt war, dass das Herzogtum Berg, zu dem Holzlar gehörte, im 16. Jahrhundert etwa zur Hälfte lutherisch oder calvinistisch geworden war. Auch Hermann Linder bekannte sich zum Calvinismus, der hier um die Jahrhundertwende noch vorherrschte. Doch die Reformierten fanden sich, bedingt durch die Auflösung vieler ihrer Gemeinden als Folge des Einmarschs der Spanier 1622 (siehe Seite 112), zusehends isoliert.

Als Hermann Linders Frau 1658 starb, wäre ihre Beerdigung auf dem Friedhof in Vilich, das zum katholischen Kurfürstentum Köln gehörte, nicht geduldet worden. Und da die Linders nicht in dem katholischen Pfarrbezirk in Oberkassel lebten, in dem sich eine kleine reformierte Gemeinde für berechtigt hielt, ihre Toten auf dem dortigen Friedhof zu bestatten, beerdigte Hermann Linder seine Frau in seinem privaten Baumgarten. Das Grab befindet sich im alten, rechten Teil des Friedhofs, der so entstand.

Im neueren Teil auf der linken Seite tragen alleine 15 Gräber den Namen der Familie Bleibtreu. Leopold Bleibtreu, Betreiber zahlreicher Alaunhütten und Bergwerke im Ennert, war eine der schillerndsten Figuren in der Industriegeschichte dieser Region. Er erweiterte den Friedhof im Jahr 1816, um Platz für die Gräber der evangelischen Arbeiter seiner Bergwerke zu schaffen. Nur einer der für die Bergleute gesetzten Grabsteine blieb erhalten. Auch die Familienmitglieder und Leopold Bleibtreu selbst wurden hier beerdigt. Sein Grabstein und ein gusseisernes Kreuz erinnern an ihn. Der Friedhof ist einer der ältesten evangelischen Friedhöfe im Rheinland und steht seit 1983 unter Denkmalschutz.

Adresse Hauptstraße 57, zwischen Hauptstraße und Hövelweg, 53229 Bonn (Holzlar) | **ÖPNV** Bus 608, Haltestelle Heideweg/Holzlarer Mühle | **Öffnungszeiten** jederzeit zugänglich | **Tipp** Etwas nördlich von Holzlar liegt der Ort Hangelar, und der dortige Flughafen, dessen Tradition bis zum Beginn des 20. Jahrhunderts zurückgeht, ist einen Besuch wert.

63 Das Mahnmal am Rathaus

Erinnerung an die Bücherverbrennung im Mai 1933

Vor der Bücherverbrennung wurden »Schwarze Listen« mit Autorennamen und Werken verteilt, und eine Marschroute zum Bonner Rathaus wurde abgedruckt. Am 10. Mai 1933 gingen Teile der Studentenschaft – mit Billigung ihrer Professoren –, uniformierte Hitlerjungen und SA-Leute mit Feuereifer zur Sache. Die von der »Deutschen Studentenschaft« organisierte »Aktion wider den undeutschen Geist« führte auch in Bonn zu einem ersten Höhepunkt der Verfolgung jüdischer, pazifistischer, sozialdemokratischer und kommunistischer Schriftsteller. Am gleichen Tag brannten Bücher in weiteren 21 Hochschulorten.

2013 jährte sich der Tag der Bücherverbrennung zum 80. Mal. Aus diesem Anlass wurde am Ort des Geschehens ein Mahnmal eingeweiht, das an das Ereignis erinnert. Bronze-Bücher, deren Rücken die Titel von Werken tragen, die damals in die Flammen geworfen wurden, sind in den Boden eingelassen. Sie stehen symbolisch für alle Publikationen verfolgter und verfemter Autoren. »Denkmale brauchen Rituale, damit sie immer wieder neu belebt und erinnert werden«, sagen die Künstler Andreas Knitz und Horst Hoheisel. Deshalb haben sie dort, wo sich die zunächst zufällige Verteilung der »Lesezeichen« an der Rathaustreppe verdichtet, in Form einer Büchertruhe einen Archiv-Behälter eingelassen. Er enthält eine Auswahl von Büchern damals verfolgter Autoren. An jedem 10. Mai soll das Archiv zur Erinnerung an die Bücherverbrennung geöffnet und aus den enthaltenen Werken vorgelesen werden. Danach werden die Bücher an die Passanten verschenkt und das Archiv mit neuen Exemplaren gefüllt und wieder verschlossen.

Zu den Autoren, deren Bücher vernichtet wurden, gehört Ernst Glaeser, der 1933 mit ansah, wie seine Bücher in Flammen aufgingen. Einer auf einer langen Liste von Autoren und Autorinnen, von denen einige heute nahezu vergessen sind. Auch darauf will das Mahnmal hinweisen.

Adresse Markt 2, 53111 Bonn (Zentrum) | ÖPNV alle Busse und Straßenbahnlinien bis Bertha-von-Suttner-Platz/Beethovenhaus | Tipp Die »Bibliothek der verbrannten Bücher« auf der Webseite www.verbrannte-buecher.de verdient Beachtung. Wer den Rummel am Markt nicht mag, trinkt seinen Kaffee ein Stück weiter am Remigiusplatz. Hier geht es deutlich gelassener zu.

64 Der Märchensee

Eine zauberhafte Marketingidee

Am Dornheckensee sieht man kaum Dornhecken, der Blaue See ist nur selten blau, und der Märchensee ist gar kein See mehr. Das hält aber weder Naturfreunde noch Freunde der Freikörperkultur von einem Besuch ab.

Bekannt sind vor allem Dornheckensee und Blauer See, in denen es tatsächlich noch Wasser gibt. Es sind die vielen Geschichten, die sich um sie ranken, und der Reiz des Verbotenen, der sie interessant macht. Dass im Dornheckensee schon manch einer ertrunken ist, ist allgemein bekannt. Kalte Strömungen sollen dafür verantwortlich sein. Aber auch wer nicht beabsichtigt, sich der Gefahr des Ertrinkens auszusetzen, sondern hier nur spazieren geht, sollte auf der Hut sein; das Gebiet ist bei Cross-Bikern, dem natürlichen Feind des Wanderers, sehr beliebt.

Oberhalb des Blauen Sees und des Dornheckensees gibt es Aussichtspunkte, von denen aus man gefahrlos die Basalt-Trichter und das Rheintal überblicken kann. Wer die Absperrungen übersteigt, um einen Blick in die Tiefe zu werfen, riskiert Leib und Leben. Die Wände der ehemaligen Steinbrüche fallen senkrecht ab, und wer versehentlich abrutscht, wird erst sehr viel weiter unten abrupt Halt finden.

Der historisch interessanteste der drei Seen ist der Märchensee, der schon lange verlandet ist. Noch in den 1920er Jahren gab es hier einen richtigen See und ein Naturtheater, in dem 2.000 Zuschauer Platz fanden. Die Akustik soll phänomenal gewesen sein. Alte Fotos zeigen die terrassenartigen Tribünen. Heute wirkt die Flora hier fast urzeitlich. Die üppige Bewaldung ist das Resultat eines frühen Beispiels der Renaturierung, die man der schwer gebeutelten Landschaft zuteilwerden ließ, nachdem der Bergbau hier endgültig eingestellt worden war. Der Name »Märchensee« ist übrigens eine reine Marketingidee. Die Stelle hieß Fuchskaule, bis man 1925 die Freilichtbühne eröffnete und sie umtaufte.

Adresse Im Ennert, östlich der B 42 und dort zwischen Rauchlochweg und Rheinhöhenweg, 53227 Bonn (Oberkassel); das Naturschutzgebiet ist für private Kraftfahrzeuge gesperrt | ÖPNV U-Bahn 66, Stadtbahn 62, Haltestelle Oberkassel-Nord | Tipp Eine Gipfeltour über den Höhenzug im Ennert, die auch an den Seen vorbeiführt, sollte man gemacht haben.

65 Die Marterkapelle

Nichts Genaues weiß man nicht

»Soll gehabt haben«, »hätte können« … man weiß es eben nicht genau. Dort, wo heute die Marterkapelle steht, die auch Mordkapelle oder Märtyrer-Kapelle genannt wird, »sollen« der Überlieferung nach die römischen Legionäre – und von Konfession wegen Christen – Cassius und Florentius zusammen mit sieben (manche sagen zwölf) Gefährten ermordet worden sein. Unterhalb des Kreuzbergs – die Stelle nannte sich später Mordkaule, so viel ist sicher – soll es geschehen sein. Eine Geschichte, die, wahr oder nicht, Spuren in der Bonner Historie hinterließ, was damit begann, dass Helena Augusta, die »Heilige Helena«, ins Spiel kam: Sie soll die Leichen seinerzeit geborgen haben, um sie dann in einer »cella memoriae«, einer Gedenkstätte, wie sie häufig bei frühchristlichen Bestattungen zu finden ist, beizusetzen.

Die »cella memoriae« hat sich der Legende nach in einer kleinen Kirche befunden, die als Vorläufer des Bonner Münsters gilt. Archäologische Beweise dafür fehlen. Am 2. Mai 1166 ließ Gerhard von Are, Propst des Cassius-Stiftes, die Gräber öffnen, in denen mutmaßlich die Gebeine der Märtyrer lagen … Wie diese Geschichte weitergeht, steht im Kapitel über die Stadtpatrone hinter dem Bonner Münster (siehe Seite 208).

1719 erwarb Maximilian von Weichs, ein späterer Propst des Cassius-Stiftes, ein Grundstück an der Mordkaule und ließ zum Gedenken an das Martyrium von Cassius und Florentius eine Wallfahrtskapelle, die heutige Marterkapelle, errichten. In Folge der Säkularisation zu Beginn des 19. Jahrhunderts diente die Kapelle als Heuschuppen und Holzstall und verwahrloste. Nach dem Wiederaufbau und einer Erweiterung erlebte die Marterkapelle das düsterste Kapitel ihrer Geschichte. Zwischen 1941 und 1942 wurden hier 474 jüdische Bürger kaserniert, um später in Konzentrationslager verbracht zu werden. Nur sieben von ihnen sind als Überlebende bezeugt.

Adresse Kapellenstraße 44, 53115 Bonn (Poppelsdorf) | ÖPNV Bus 604, 605, Haltestelle Mühlenhof, von dort der Straße Zur Marterkapelle folgen | Öffnungszeiten Mo–Fr 9–11 Uhr | Tipp Von der Sebastianstraße aus führt ein Fußweg namens »Mordkapellenpfad« direkt zur Marterkapelle, der einen in die richtige Stimmung bringt.

66 Das Mausoleum

Das Grabmal des Bankiers Guier

Der Godesberger Burgfriedhof ist nicht gerade arm an »Persönlichkeiten«. Das Denkmal für die Lindenwirtin, die weltweit als »Ännchen« bekannt war, steht beispielsweise hier. Die »Mutter der Studenten« hatte auf Verbindungen offensichtlich eine verbindende Wirkung. In dem von ihr geführten Gasthaus fanden sich jeden Abend mehr als 500 Studenten der verschiedensten Vereinigungen friedlich zusammen, was man den »Bad Godesberger Burgfrieden« nannte. Das Gasthaus »Zur Lindenwirtin Aennchen« existiert heute noch in Bad Godesberg (Aennchenplatz 2).

Das imposanteste Grabmal des Friedhofs ist das Mausoleum für Dr. George Guier. Der Sarg des amerikanischen Bankiers wurde nach seinem Tod im Jahre 1903 von Barcelona nach Bad Godesberg überführt. Der Grund dafür waren familiäre Bindungen, namentlich die zu seiner Frau Fanny, geborene Alberts, die die Ruhestätte in Auftrag gab. Sie ließ auch das Mausoleum Alberts bauen (ebenfalls auf dem Burgfriedhof zu sehen), in dem sie selbst 1929 bestattet wurde. Wohlhabend muss die Familie gewesen sein und über bemerkenswerte gesellschaftliche Kontakte verfügt haben. Das in maurischer Bauart errichtete Mausoleum mag zunächst Rätsel aufgeben, doch Dr. Guier kannte den spanischen Meister des Art Nouveau Antoni Gaudí i Cornet. Die Nähe Barcelonas zum Orient und zur islamischen Kunst, deren Stilmittel Gaudí i Cornet aufgriff und weiterentwickelte, floss schließlich auch auf dem ein oder anderen Wege in den Entwurf für das Grabmal ein. Eine wahre Weltbürgergeschichte. Der Innenraum des Mausoleums mit dem Sarkophag ist leider nicht öffentlich zugänglich.

Ganz allgemein ist der Godesberger Burgfriedhof einen Besuch wert. Man findet hier nicht nur Grabstätten berühmter Persönlichkeiten, sondern auch die Grabmale und Mausoleen vieler bedeutender Bonner Familien. Das Mausoleum des Dr. Guier ist allerdings als besonders markant hervorzuheben.

Adresse Auf dem Godesberg 5, 53177 Bonn (Bad Godesberg) | ÖPNV Bus 612, 614, Haltestelle Bonner Straße, U-Bahn 16, 63, 67, Haltestelle Plittersdorfer Straße | Öffnungszeiten Friedhof tagsüber durchgehend zugänglich | Tipp An der Michaelskapelle kommt man gar nicht vorbei, wenn man den Burgfriedhof besucht. Und die berühmte Godesburg ist nur den sprichwörtlichen »Steinwurf« entfernt. In diesem Fall ungefähr 50 Meter.

67 Das Mineralien-Kontor

Alt, älter, am ältesten

Schon ergreifend, den versteinerten Schädel eines canis dirus in der Hand zu halten, der mehr als 10.000 Jahre auf dem Buckel hat. Das gar nicht possierliche, wolfsähnliche Tierchen taucht in der Fantasy-Literatur als »Dire Wolf« auf, lebte aber tatsächlich zwischen dem mittleren und oberen Pleistozän auf der Erde und hat damals den ganzen amerikanischen Kontinent aufgemischt. Da sind die Mineralien, die sich im Nebenraum befinden, doch deutlich harmloser, aber nicht weniger beeindruckend.

Jedes Jahr im April werden an einem Freitag und dem darauffolgenden Samstag die »heiligen Hallen«, oder profaner ausgedrückt, das Lager des »ältesten geologischen Warenhauses weltweit« (Firma Dr. F. Krantz), für alle Interessierten geöffnet. Dann darf man selbst einen Blick in die Schubladen der vielen Apothekerschränke werfen, die voller Geheimnisse stecken. Niemand kennt den kompletten Bestand genau, und es würde vermutlich Jahrzehnte dauern, alles zu katalogisieren. So verwundert es nicht, dass die Mitarbeiter selbst manchmal überrascht darüber sind, was hier so alles schlummert.

Es passt ins Bild, dass alles ziemlich alt ist, auch die Firma Dr. F. Krantz selbst. Seit fünf Generationen ist sie in Familienbesitz. Ein kleines vergilbtes Heft mit italienischen Sprachübungen, das noch heute existiert, liefert den handschriftlichen Hinweis auf die Gründung: »Anfang des Mineralien Geschäftes von Krantz in Freiberg, den 14. Decr. 1833«, hat August Krantz dort vermerkt. Auf ihn gehen auch die Apothekerschränke zurück, denn er hatte zunächst die Apotheke des Vaters übernommen. Seine wahre Liebe galt aber der Geologie und den »alten Steinen« aus den sächsischen Fundstellen, die nach und nach die Schubladen füllten. 1883 hängte er den Apothekerberuf endgültig an den Nagel und gab der Leidenschaft des Sammelns und Handelns mit Mineralien, Fossilien und Gesteinen nach.

Adresse Dr. F. Krantz, Rheinisches Mineralien-Kontor, Fraunhoferstraße 7, 53121 Bonn (Dransdorf), Tel. 0228/988650, www.krantz-online.de | **ÖPNV** U-Bahn 18, 68, Haltestelle Robert-Kirchhoff-Straße | **Öffnungszeiten** Ladengeschäft: Mo–Fr 7.30–12.30 und 13–16.30 Uhr | **Tipp** Wer sich für die Paläontologie erwärmt, muss das Goldfuß-Museum (Seite 84) gesehen haben. Die Mineralogie deckt das Mineralogische Museum (Seite 144) ab. Wer einfach nur Hunger hat, findet am Anfang der Fraunhoferstraße eine kleine Bäckerei, die hervorragende Leberkäsebrötchen offeriert.

68_Das Mineralogische Museum

Unter Edelsteinen, Meteoriten und Mineralien

Der preußische König Friedrich Wilhelm III., Stifter der nach ihm benannten Friedrich-Wilhelms-Universität, übertrug dieser auch das Poppelsdorfer Schloss zur Nutzung. 1818 wird hier das Naturhistorische Museum eingerichtet. Als Folge von Zerstörungen und Plünderungen des Schlosses während und nach dem Zweiten Weltkrieg kann das Mineralogisch-Petrologische Museum, heute Mineralogisches Museum am Steinmann-Institut, erst 1965 wiedereröffnet werden. Institut und Museum befinden sich im Nordflügel des Schlosses. Gegenüber, im Südflügel, »residieren« die Zoologen.

Seit man die Öffentlichkeit aktiv informiert, finden Besucher öfter den Weg in die kleine Ausstellung. Dennoch gilt sie als Geheimtipp – und das nicht nur für Mineralien-Kenner. Die Räume und Vitrinen im Stil der 50er Jahre sind, mit einem Wort, »retro« und bisher unbehelligt vom Trend der Museums-Modernisierung geblieben. Fachpublikum wie interessierte Laien profitieren ganz erheblich davon, dass das Museum zu den Öffnungszeiten von Studenten des Instituts betreut wird. Die Vielfalt der Formen und Farben und die verständlich kommentierten Exponate machen den Besuch auch für denjenigen unbedingt zu einem Erlebnis, der bisher einen Smaragd nicht von einem Dauerlutscher unterscheiden konnte.

Ein Highlight der Dauerausstellung ist das »Tigerauge«. Seit 2008 ist das Haus im Besitz des größten in einem deutschen Museum ausgestellten Edelsteins dieser Art. Das Exponat hat eine Länge von etwa zwei Metern und ein Gewicht von 150 Kilogramm. Vom sogenannten Muschel- oder Grottensaal aus der Gründungszeit des Naturhistorischen Museums, dessen Wände und Decken mit Muscheln, Schnecken und verschiedenen Kristallen besetzt waren, gibt es leider nur noch Fotos zu sehen. Er wurde durch die Bombenangriffe im Zweiten Weltkrieg fast vollständig zerstört.

Adresse Poppelsdorfer Schloss, Meckenheimer Allee 169, 53115 Bonn (Poppelsdorf), Tel. 0228/732761, www.steinmann.uni-bonn.de | **ÖPNV** Buslinien 601, 602, 631, Haltestelle Am Botanischen Garten | **Öffnungszeiten** Mi 15–18 Uhr, Fr 15–18 Uhr, So 10–17 Uhr. Gruppenführungen sind auch außerhalb der Öffnungszeiten nach Absprache möglich. | **Tipp** Wenn man an der U-Bahn-Haltestelle Universität/Markt aussteigt, spaziert man gemütlich via Kaiserplatz die Poppelsdorfer Allee hinauf bis zum Schloss und nimmt nach dem Museumsbesuch noch den Botanischen Garten mit, der sich direkt hinter dem Schloss befindet.

69 Mr. & Mrs. – Das Nähcafé

Offen für alles, mulikulturell und multifunktional

Ein Abstecher in die Limpericher Straße lohnt schon wegen des Latte macchiato, der im Mr. & Mrs. – Nähcafé kredenzt wird. Irgendetwas machen sie damit, was ihn leckerer macht. Bei schönem Wetter sitzt man gerne draußen. Aber auch drinnen ist man, zwischen Zeitschriften, Büchern, Mode, Fotos, einer eklektizistischen Mischung von Stilmöbeln (käuflich zu erwerben!) und geschäftig summenden Nähmaschinen gut aufgehoben und stets willkommen.

Alev Erisöz-Reinke hat ihre Interessen und Begabungen zu einem Mix aus Näh- und Lesestube mit Cafébetrieb und Veranstaltungsraum zusammengewürfelt und heraus kam … ein quirliger Ort, über dem der gute Geist der Geselligkeit und des sozialen Austauschs schwebt. Man trifft sich hier. Ob zum gemeinsamen Nähen oder einfach so. Die Kurse erfreuen sich großer Beliebtheit, vor allem bei jungen Frauen, die gegebenenfalls auch ihre Sprösslinge hier »parken« können. Männer sollen auch schon vereinzelt an den Nähmaschinen gesichtet worden sein. Sind ja schließlich auch Maschinen. Anregung und Anleitung (»Ohne Schnittmuster geht gar nichts«) erhält man von ausgebildeten Schneiderinnen, die die Kurse betreuen. Speziell für Anfänger gibt es einen Workshop, den man mit Erlangen des Nähmaschinen-Führerscheins abschließt. Zur Beruhigung für alle, die den Unterschied kennen: Es wird auch gestrickt und gehäkelt.

Alev Erisöz-Reinke lässt nichts anbrennen, schon gar nicht die Suppen und Aufläufe, die sie seit Neuestem anbietet, und macht den Ort immer öfter zur Bühne für Modeschauen, Tauschbörsen (Kleidertausch statt Kaufrausch!) oder Lesungen. Dass sich das Mr. & Mrs. nicht so recht in die gängigen und griffigen Kategorien einordnen lässt, ist auch Konzept. Die Gäste sollen mitbestimmen, in welche Richtung die Reise für das kleine Nähcafé in Zukunft gehen wird. Bitte schön. Wo kann man das schon sonst noch, in einer Welt der System-Gastronomie.

Adresse Limpericher Straße 22, 53225 Bonn (Beuel), Tel. 0228/18034234, www.mrundmrs-naehcafe.de | ÖPNV Stadtbahn 62, 65, 66, 67, Haltestelle Konrad-Adenauer-Platz, oder mit einer der Buslinien, die die Kennedybrücke überqueren (gleiche Haltestelle) | Öffnungszeiten Mo – Fr 10 – 18.30 Uhr, Sa 10 – 17 Uhr, Zeiten der Nähkurse stehen auf der Webseite | Tipp Gegenüber ist das koreanische Restaurant »Shilla«, das unter anderem mit günstigen Preisen punkten kann.

70__Muffendorf

Quo vadis?

Muffendorf ist, mit einem Wort, pittoresk. Der Ortskern besteht im Prinzip aus einer Hauptstraße, die beiderseits von fränkischen Fachwerkhäusern aus dem 17. Jahrhundert gesäumt ist, und gleicht einem Freilichtmuseum. Am besten geht man an einem drückend heißen Sommertag zu Fuß den Berg hinauf. Nur um des Effektes willen.

Ein kurzer Blick auf die Historie des Ortes zeigt, womit man zu rechnen hat. An Ort und Stelle gefundene Faustkeile lassen darauf schließen, dass hier schon zur Altsteinzeit Menschen lebten. Warum gerade hier? Man weiß es nicht. Warum sie weiterzogen? Vielleicht hatten sie den Blick aufs Siebengebirge satt. Die Römer kamen, sahen und blieben. Erst mal. Wegen des Weines vermutlich. Der war es ja, der ihnen das Rheinland überhaupt erst schmackhaft machte. Gaius Scribonius, ein Name wie aus einem Asterix-Comic, ließ einen der Jagdgöttin Diana geweihten Tempel bauen. Eine fränkische Siedlung findet erstmals 888 Erwähnung. In einer Urkunde aus dem Jahre 913 taucht die alte St.-Martin-Kirche auf, in der man 1911 den Weihestein des römischen Tempels findet. 1973 spielen Queen in Muffendorf im legendären »Underground«. Die Halle steht noch.

Aber auch ohne geschichtliche Vorbildung lohnt sich ein Rundgang durch den Ort. Spätestens wenn man an einer Villa vorbeikommt, die wie eine Kreuzung aus einer Pizza Margarita und einer Doppelgarage aussieht, geht man allerdings besser mal kurz aus der Sonne. Das alles und dann auch noch die Hitze, das macht einen fertig. Zeit für das Weinhaus Muffendorf in der Muffendorfer Hauptstraße 37. Über dem Innenhof breitet sich schattenspendend ein Baldachin aus Reben aus. Eine Wirtschaft wie aus dem Bilderbuch. Auch das Café de Muffendorf, gleiche Straße, Hausnummer 31a, ist sehr angenehm. Dort bringt ein Stück selbst gebackener Kuchen mit ordentlich Sahne den Zuckerspiegel ruckzuck wieder auf Vordermann.

Adresse Muffendorfer Hauptstraße, 53177 Bonn (Muffendorf) | ÖPNV Bus 856, 857 ab Bad Godesberg Bahnhof, Haltestelle Miramonti | Tipp Wenn geöffnet, die denkmalgeschützte kleine Beethovenhalle in der Hopmannstraße 19 ansehen. Hier fanden schon zur Kaiserzeit Veranstaltungen statt.

71 Das Musterzimmer

Jetzt buchen, später einziehen

Razzien in Bonn und Berlin, Insolvenzen, Verhaftungen. Es war alles drin in dem Wirtschaftskrimi um das World Conference Center Bonn (WCCB), der seinen Höhepunkt am 10. Mai 2013 mit der Verurteilung des ehemaligen südkoreanischen Investors Man-Ki Kim zu 6,5 Jahren Haft erreichte.

2009 waren das Kongresszentrum und das 17-stöckige Hotelhochhaus vor dem alten Plenarsaal zu 80 Prozent fertiggestellt, da kam es im September zum jähen Baustopp. Die Stadt Bonn hatte die Reißleine gezogen, denn Man-Ki Kims ominöse SMI Hyundai Corporation konnte ganz offensichtlich ihren finanziellen Verpflichtungen nicht nachkommen. Seitdem stehen das Kongresszentrum und das Hotel, das einmal »Ameron World Conference Hotel Bonn« heißen sollte, als rund um die Uhr bewachtes Millionengrab herum.

Während es hinter 335 von 336 Zimmertüren des Hotels so aussieht, als hätten die Handwerker nur gerade Feierabend gemacht, verbirgt sich hinter der Tür mit der Nummer 123 ein Zimmer, das zu Demonstrationszwecken eingerichtet und komplett ausgestattet wurde. Selbst Badelatschen und Zahnputzbecher stehen für den Gast bereit. Auf den ersten Blick erkennt man lediglich an der feinen Staubschicht, die sich über alles gelegt hat, dass dieses Zimmer nicht für Übernachtungen zu haben ist. Dabei lagen doch schon Buchungen vor. Allerdings hatten die Hotelgäste, die 2010 hier mit ihren Koffern vor der Baustelle standen, keine Ahnung, dass das Hotel noch nicht fertig war. Sie waren auf ein betrügerisches Angebot im Internet hereingefallen. Die »Frühbucher« mussten sich leider kurzfristig eine andere Bleibe suchen.

Die Stadt will das Konferenzzentrum in Eigenregie zu Ende bauen, so entschied der Stadtrat im Mai 2013. Als Termin für die Fertigstellung wurde August 2014 ins Auge gefasst. Wer das Hotel in Zukunft betreiben wird, bleibt offen und das Musterzimmer damit bis auf Weiteres geschlossen.

Adresse Platz der Vereinten Nationen 2, 53113 Bonn (Gronau) | ÖPNV Bus 610, 611, 630, Haltestelle Deutsche Welle | Tipp Im Plenarsaal und im Wasserwerk, den ehemaligen Bundesgebäuden nahe des WCCB, werden regelmäßig Führungen für Individualbesucher angeboten (Anmeldung über die Bonn-Information, Tel 0228/775001, E-Mail: bonninformation@bonn.de).

72 Der Myriameterstein 48

Alle zehn Kilometer ein alter Europäer

Der schmucklose, auf einer seiner vier Seiten liegende Quader war bis vor Kurzem niemandem aufgefallen. Wann und warum er umstürzte, weiß keiner. Auch die Vermessungsingenieure von der Bundesanstalt für Gewässerkunde nicht, die ihn im Oktober 2011 (wieder)entdeckten und als das Werk ihrer Kollegen von der »Zentralkommission für die Rheinschifffahrt« identifizierten. Die hatten den Myriameterstein aufgestellt, als 1864 eine Gesamtvermessung des Rheins von Basel bis zur Rheinmündung angeordnet worden war.

Damals wurde links und rechts des Rheins zwischen Basel und Rotterdam alle 10.000 Meter ein Myriameterstein aufgestellt. Die Zahl 10.000 heißt auf Griechisch myria, daher die Bezeichnung. Die Steine sind durchlaufend nummeriert, und eigentlich tragen sie auf jeder Seite Inschriften: eine Höhenangabe über Amsterdamer Pegel, die Entfernung nach Basel und Rotterdam sowie zur damaligen preußischen Grenze. Da auf dem Bad Godesberger Stein mit der Nummer 48 nichts mehr zu sehen ist, legte man die Daten des in Niederdollendorf gefundenen »Schwestersteins« zugrunde, bei dem die Inschrift noch deutlich zu erkennen ist.

Heute haben die Quader nur mehr historische Bedeutung. Beim Setzen der Myriametersteine hatten die einzelnen Länder bei der Längenmessung immer einen neuen Nullpunkt festgelegt. Die großen weißen Betontafeln mit den schwarzen Ziffern an der Rheinuferböschung zeigen seit 1939 eine einheitliche Kilometrierung des Rheins an. Der ursprünglich europäische Gedanke der Vermessung des Rheins wurde durch die jetzt auch erfolgte Neubestimmung der Höhe über dem Amsterdamer Pegel wieder aufgegriffen. Die Steine sind damit wieder Teil des europäischen Höhennetzes.

Auch jetzt, wo man ihn wieder aufgerichtet hat, laufen die meisten Spaziergänger und Jogger achtlos am Myriameterstein 48 vorüber. Das hat er nicht verdient, der 150 Jahre alte Europäer.

Adresse Von-Sandt-Ufer 1, 53173 Bonn (Plittersdorf) | **ÖPNV** Bus 610, 615, 637, 638, 855, Haltestelle Otto-Kühne-Schule, oder Bus 855, Haltestelle Bad Godesberg Fähre | **Tipp** Ganz in der Nähe setzt die Fähre Bad Godesberg-Niederdollendorf über. Eine gute Gelegenheit, sich den Myriameterstein auf der anderen Rheinseite anzusehen und die darauf eingetragenen Entfernungen zu studieren.

73 Die Nepomuk-Statue

Ein eigener Platz für einen Heiligen

2009 war ein bedeutendes Jahr für den Beueler Schiffer-Verein. Zwei Jahre lang hatte die Statue des heiligen Nepomuk – neben dem heiligen Nikolaus der zweite Schutzpatron der Beueler Schiffer – nicht an gewohnter Stelle am Rheinufer gestanden und wurde schmerzlichst vermisst. Im März 2009 kehrte sie endlich zurück. Aus diesem Anlass machte die Stadt Bonn den Beuelern ein besonderes Geschenk. Der Platz an der Statue wurde in »Nepomukplatz« umbenannt.

Die Absenz war durch den Bau des Hochwasserschutzes und die damit einhergehende landschaftliche Neugestaltung des Beueler Rheinufers sowie eine dringend notwendig gewordene Restaurierung des Standbildes bedingt. Zuletzt war es im Jahre 1969 überarbeitet worden, was leicht missglückte. Der Kopf wurde seinerzeit zwar wunschgemäß ausgetauscht, fiel aber unproportional groß aus und war zudem aus ungeeignetem Material gefertigt. Noch dazu wurden dem Heiligen zwei Jahre später in niederträchtiger Weise beide Hände abgehackt und das Kreuz entwendet. Auch Wind und Wetter hatten der Statue im Laufe der Jahre schwer zugesetzt. All diese unschönen Makel waren nun beseitigt, und die Rückkehr des heiligen Nepomuk wurde mit gebührendem Respekt, aber auch mit gebührender Ausgelassenheit gefeiert.

Die Gründung des Beueler Schiffer-Vereins fällt zusammen mit der Entdeckung der Statue in einer Mauer an der ersten Fährgasse auf der Bonner Rheinseite im Jahre 1862. Im gleichen Jahr wurde sie erstmals auf der Beueler Seite aufgestellt. Wer ihr am Nepomukplatz begegnet, möge innehalten und sich daran erinnern, welche Bedeutung die Schifffahrt für die Menschen am Rhein hatte und hat. Dann erklärt sich, warum die vorbeifahrenden Schiffer die Statue auch heute noch ehrfurchtsvoll grüßen. Der Beueler Schiffer-Verein spielte auch bei der Instandsetzung des St.-Adelheidis-Spiels eine besondere Rolle (siehe Seite 200).

Adresse Nepomukplatz, 53225 Bonn (Beuel) | **ÖPNV** Stadtbahn 62, 65, 66, 67, Haltestelle Konrad-Adenauer-Platz, oder Bus 606, Haltestelle Beuel Krankenhaus | **Tipp** Eine 60-seitige Schrift von Manfred Spata über den heiligen Johannes von Nepomuk ist gegen Entrichtung einer kleinen Spende in der Geschäftsstelle des Beueler Heimatmuseums in der Wagnergasse 2 (5 Gehminuten vom Nepomukplatz entfernt) erhältlich.

74_Nobbi's Plattenladen

Viel mehr als nur Kulisse

In einer kleinen Seitenstraße in Beuel steht Norbert »Nobbi« Schumacher in seinem Laden, als hätten wir 1995. Viel hat sich nicht geändert, seit er hier aufmachte. Kürzlich durften sein Laden und er deshalb auch in einem richtigen Spielfilm mitmachen. Rolf Roring, der Regisseur von »Dear Courtney«, musste die 90er, in denen der Film spielt, gar nicht aufwendig nachstellen lassen. Alles schon da. Neben dem Dekor gibt es die äquivalenten Tonträger der Ära und viel Musik aus den 60er, 70er und 80er Jahren. Überwiegend auf Vinyl und davon reichlich.

Etwa 30.000 Schallplatten stehen im Schnitt im Laden. Es herrscht praktisch ständig akuter Platzmangel, weshalb man überall über Plattenkisten steigen muss. Beim Stöbern kommen sich die Kunden näher. Zwangsläufig. Sammler kommen inzwischen mitunter von weit her nach Bonn-Beuel. Wegen der Auswahl, der fairen Preise und des Flairs des Ladens.

So ein Geschäft lebt immer auch vom Publikum und den »Bar-Flies«, für die das hier viel mehr als nur ein Plattenladen ist. »Ich wäre besser Psychiater geworden«, sagt Nobbi und meint das nicht böse. Er liebt seine Stammkundschaft, und sie liebt ihn. Bis er sich etabliert hatte, dauerte es zwei bis drei Jahre. Und ausgerechnet dann kam die »dunkle« Zeit, in der kaum noch Vinyl produziert und gekauft wurde. Anfang der Nullerjahre ging es wieder aufwärts. Sammler entdeckten das Vinyl neu, und der allgemeine Trend zum analogen Tonträger tat sein Übriges.

Nobbis Angebot steht nicht im Internet. Die neuen Medien passen nicht recht zu seinem Stil, und er meidet sie weitgehend. Diese Haltung, und Plattenläden ganz allgemein, erscheinen manchem als Anachronismus. Doch die Vinyl-Schallplatte hat schon etliche Speichermedien für Musik überlebt, und wer Nobbi's Plattenladen besucht, wird danach wissen, warum. »Oder auch nicht«, würde Nobbi vermutlich sagen und meint auch das nicht böse.

Adresse Marienstraße 21, 53225 Bonn (Beuel), Tel. 0228/466595 | **ÖPNV** Stadtbahn 62, 65, 66, 67, Haltestelle Konrad-Adenauer-Platz, oder Bus 606, Haltestelle Beuel Krankenhaus | **Öffnungszeiten** Mo – Fr 11 – 19 Uhr, Sa 10 – 16 Uhr | **Tipp** Die CD- und Schallplattenbörse findet immer im Mai und September im Brückenforum statt. »Mr. Music« (Maximilianstraße 24) ist gut sortiert und führt noch Vinyl. Der Hi-Fi-Laden Linzbach (Adenauerallee 124) hat ebenfalls eine große Vinyl-Abteilung.

75 Der Nutzpflanzengarten

Oase am Rande touristischer Pfade

Der Botanische Garten gehört fraglos zu den herausragenden Sehenswürdigkeiten Bonns und ist ein echter Publikumsmagnet. Im Sommer, wenn auf dem Freigelände alles in Blüte steht, ist er besonders beliebt. In mehreren Schaugewächshäusern gibt es das ganze Jahr über Exotisches aus der Pflanzenwelt zu bewundern. Wenn die riesige Titanenwurz blüht, deren Blütenstand mehr als zwei Meter hoch wird, pilgern Tausende von Neugierigen ins Victoriahaus, wo die aus Sumatra stammende Pflanze steht.

Sehr viel bescheidener nimmt sich dagegen der Nutzpflanzengarten der Universität aus, der in unmittelbarer Nähe zum Botanischen Garten liegt. Die Gewächshäuser aus den 1960er Jahren verbreiten nostalgischen Charme. Leider kann man sie nicht von innen besichtigen. In den Beeten steht, was in gemäßigten Zonen gedeiht. Man findet hier heimische Nutzpflanzen wie die Schalenerbse »Kleine Rheinländerin« oder die Stangenbohne »Ruhm vom Vorgebirge«, die etwas über die Sortenvielfalt in der Region erzählen, deren Bewahrung eines der Anliegen des Gartens ist. Einen großen Teil der Anlage belegen thematisch geordnete Beete, in denen Pflanzen nach ihren Eigenschaften zusammengefasst sind. In der »Giftecke« stehen zum Beispiel solche, die wissen, wie man sich »sehr reizend« zur Wehr setzt. Eine übersichtliche Beschilderung erleichtert die Orientierung.

Der Besuch des Nutzgartens lohnt vor allem nach den Eisheiligen, also ab Mitte Mai, wenn die nicht winterfesten mediterranen und tropischen Zitruspflanzen ins Freigelände umziehen. Im Zusammenhang mit dem Ausbau des Campus Poppelsdorf soll der Nutzpflanzengarten in Zukunft erweitert werden. Die Errichtung eines modernen Schaugewächshauses für tropische und subtropische Nutzpflanzen ist geplant. Wer den Garten noch in seiner jetzigen Form als versteckte Oase sehen und erleben will, muss sich also gegebenenfalls beeilen.

Adresse zwischen Katzenburgweg und Karlrobert-Kreiten-Straße, 53115 Bonn (Poppelsdorf), Eingang am Katzenburgweg und an der Ecke Karlrobert-Kreiten-Straße/Carl-Troll-Straße | **ÖPNV** Bus 680, Haltestelle Katzenburgweg, oder Bus 620, 624, 625, Haltestelle Botanischer Garten | **Öffnungszeiten** So–Fr April–Okt. 10–18 Uhr; Nov.–März 10–16 Uhr | **Tipp** Eine Seitenstraße weiter, in der Nußallee 8, ist das Goldfuß-Museum (Seite 84). Abgehend von der Carl-Troll-Straße gibt es, bevor man zur Reuterstraße kommt, einen Schleichweg, über den man in wenigen Minuten die Poppelsdorfer Mensa erreicht. Minuten, die Leben retten können.

76 Der Office Port Bonn

Filmkulisse aus der Vogelperspektive

Demnächst ist es 20 Jahre her, dass die Deutsche Bundespost im Zuge der Privatisierung aufgeteilt wurde und die »Graue Post«, also alles, was eine Wählscheibe hatte und in das man hineinsprechen konnte, magenta wurde und sich fortan Deutsche Telekom nannte. Mit etlichen Großbauten, mehr als 12.000 Mitarbeitern und den Telekom Baskets als sportivem Aushängeschild ist die Telekom in Bonn omnipräsent. Der »Office Port« an der Friedrich-Ebert-Allee, gegenüber der Konzernzentrale, setzt dem Ganzen die Krone auf.

Der Komplex aus vier Gebäuden ist 260 Meter lang und dominiert an dieser Stelle den gesamten Abschnitt der Allee. Dass auch mal jemand vom »Büro-Hafen« aus auf die andere Straßenseite wechseln muss, hätte man schon beim Bau in den Jahren 2006/2007 wissen können, aber erst 2011 wurde eine Brücke über die Allee errichtet, die seitdem von den Mitarbeitern der Telekom genutzt wird, aber auch für Normalsterbliche zugänglich ist. Die Telekom hat die Brücke bezahlt. Dafür durfte sie dort ein mit LEDs bestücktes Medienband integrieren, auf dem Grafiken und Schriftzüge dargestellt werden. Natürlich in Magenta.

Von der Brücke aus hat man einen idealen Blick auf den Office Port. Wenn gerade einmal keine Passanten vorbeigehen, verliert sich jede Relation, und man glaubt, auf ein Architekturmodell oder eine Filmkulisse zu blicken.

Die alte Bebauung, unter anderem das Konrad-Adenauer-Haus, die denkmalgeschützte Zentrale des DRK und die ehemalige Parteizentrale der CDU, mussten im Vorfeld weichen. So schaffte man Platz für den Bürokomplex und mögliche Erweiterungsbauten, die erst bei Bedarf realisiert werden sollen. Der Architekt des Office Port, Thomas van den Valentyn, ist in Bonn kein Unbekannter. Von ihm stammen auch der Kammermusiksaal im Beethoven-Haus, das merkwürdig neoklassizistische Hotel Domicil und das Sterntorhaus an der Oxfordstraße.

Adresse Friedrich-Ebert-Allee 71–77, 53113 Bonn (Gronau) | **ÖPNV** U-Bahn 16, 63, 66, 67, 68, Haltestelle Deutsche Telekom/Ollenhauerstraße | **Tipp** Ein Spaziergang im Zickzack durch das Johanniterviertel hinter dem Office Port und von dort aus geradewegs zum Post Tower (Seite 166) und in die Rheinaue lohnt sich.

77 Das Panoramabad

Freischwimmen mit Aussicht

2010 mussten die Godesberger um die Eröffnung ihres »Rüngsi« bangen. Die Becken des Freibades Rüngsdorf, auch Panoramabad genannt, hatten durch den starken Frost derartig Schaden genommen, dass die Instandsetzungskosten nicht mehr aus den normalen Haushaltsmitteln der Stadt gedeckt werden konnten. Am Ende ging doch noch alles gut, das Bad konnte eröffnen, und die Godesberger atmeten auf.

Das südlichste Freibad Bonns kann mit einigen Attraktionen aufwarten. Da wäre zum Beispiel der Zehn-Meter-Turm. Diesbezüglich kann ihm nur das Römerbad das Wasser reichen, das jedoch ausgerechnet ganz im Norden Bonns liegt. Einmalig ist hingegen die Aussicht, die man im Panoramabad genießt. Ihretwegen wurde das Bad gerade an dieser Stelle gebaut. Sie ist nicht nur der Ursprung seines Zweitnamens, sondern auch für viele Bonner ein Grund, hier schwimmen zu gehen. Der Blick auf das Siebengebirge ist besonders von der höchsten Plattform des Sprungturmes aus, aber auch sonst, unbezahlbar.

Im Laufe seiner Geschichte wurde das Panoramabad mehr als einmal umgebaut und sieht nicht mehr annähernd so aus wie bei seiner Eröffnung im Jahre 1930 oder noch in den 1950er Jahren. Der Sprungturm, der heute so etwas wie sein Wahrzeichen ist, wurde während der zweiten Ausbauphase im Jahr 1961 errichtet, in der auch die Erweiterung des Hauptgebäudes und der komplette Neubau der Schwimmbecken erfolgten. Damit wurde das heutige Erscheinungsbild der Anlage maßgeblich geprägt. In dem damals hochmodernen Bad wurden wichtige nationale und internationale Schwimmwettbewerbe durchgeführt. Einer der Höhepunkte bleibt die Schwimmeuropameisterschaft im Jahre 1989. Zu Beginn der 1990er Jahre wurde das Panoramabad zuletzt umfangreich saniert und um das Attraktionsbecken bereichert, das mit seiner amorphen Form ein Hingucker und Publikumsmagnet ist. Die Wiedereröffnung erfolgte 1993.

Adresse Am Schwimmbad 8, 53179 Bonn (Rüngsdorf), Tel. 0228/331324 | **ÖPNV** Bus 613, 615, Haltestelle Gutenbergallee | **Tipp** Das Freibad Friesdorf (Margaretenstraße 14) ist gerade mal fünf Kilometer vom Panoramabad entfernt. Das kleinste Bonner Freibad ist ein ausgesprochenes Familienbad.

78 Die Pestkreuze

Mit »Schabau« gegen den »Schwarzen Tod«

In den vergangenen Jahrhunderten suchte die Pest mit schrecklicher Regelmäßigkeit Europa heim. In besonderem Maße wütete sie noch einmal im 17. Jahrhundert. 1665 ereilte die letzte Pestwelle das Rheinland. Ausgelöst wurde sie mutmaßlich durch Erreger, die von England aus den Kontinent erreichten. Dort starben, bei der »Großen Pest von London«, zwischen 1665 und 1666 um die 100.000 Menschen. Von den hiesigen Opfern der Pandemie zeugen die sogenannten Pestkreuze, die man heute noch in verschiedenen Bonner Stadtteilen findet.

Alleine sieben der 26 alten Steinkreuze an der St.-Gallus-Kirche in Küdinghoven, die aus dem Zeitraum von 1620 bis 1787 stammen, verweisen auf die Jahre 1665 und 1666. Etwa 30 ähnliche Kreuze, von denen einige die besagten Todesjahre bezeugen, findet man beim Alten Kirchturm in Rüngsdorf. Von den 241 Grabkreuzen in Vilich dagegen – so viele sind es wirklich – weist nicht eines dieses Datum auf; hier scheint die Epidemie gestoppt worden zu sein.

Während der Pestwellen war es auch in Bonn – nachweislich im Jahr 1349 – zur sogenannten »Judenschlacht« gekommen. Während der Pogrome wurden die jüdischen Mitbürger, denen man die Schuld am Ausbruch der Pest zuschob, umgebracht oder vertrieben. Nicht selten dauerte es Jahrzehnte, bis man ihnen wieder das Recht auf Ansiedlung gewährte.

Vergleichsweise harmlos nimmt sich dagegen eine Erzählung aus Graurheindorf aus. Danach versuchten sich dort die Bauern im Jahre 1666 zunächst durch eine Prozession und einen Bittgottesdienst gegen die Pest zu schützen. Dann brannten sie den »Schabau«, einen über Kandiszucker flambierten Doppelkorn. Sie tranken ihn in so großen Mengen, dass sie während der Epidemie ihren Rausch ausschliefen und so von der Pest verschont blieben. Zur Erinnerung wird jedes Jahr am letzten Wochenende im August der »Gebrannte« gefeiert und eine Pestprozession abgehalten.

Adresse Kirchstraße 52, 53227 Bonn (Küdinghoven) | **ÖPNV** Straßenbahn 62, 65, Haltestelle Küdinghoven, von dort zu Fuß durch die Küdinghovener Straße und die Dornenkreuzstraße bis zur Kirchstraße | **Tipp** Der Turm der St.-Gallus-Kirche stammt aus dem 12. Jahrhundert und ist vermutlich der älteste von Gesamtbonn. Er birgt eine ungewöhnliche, in die Mauerwangen eingefügte Treppe. Geöffnet ist er zu den Gottesdiensten am Wochenende.

79 Der Post Tower

Ein Hochhaus für das 21. Jahrhundert

Es könnte auch »Die Post Tower« heißen. Aber obwohl der Tower faktisch aus einem Nord- und einem Südturm besteht, sieht er ja doch wie ein einzelner Turm aus. Man muss schon genau hinsehen, um zu erkennen, dass es sich um zwei ellipsenförmige Baukörper handelt, die ganze 7,40 Meter voneinander entfernt und etliche Meter gegeneinander versetzt sind. »Zusammengehalten« werden Sie von einer Stahl-Glas-Konstruktion und überdimensionalen Andreaskreuzen auf jedem neunten Geschoss, wo sogenannte Sky-Gärten den Mitarbeitern als Kommunikations- und Aufenthaltsflächen dienen.

Das alles kann man nur ahnen (oder nachlesen), wenn man um den Tower herumspaziert oder »hindurch«. Ganz offiziell darf man zwischen dem Turm und der dreigeschossigen Sockelbebauung hindurchgehen und hat von dort einen interessanten Blick nach oben. Man muss nur aufpassen, dass man sich nicht den Hals verdreht. Auf der einen Seite ist die Empfangshalle, auf der anderen eine Brücke, die direkt in die Rheinaue führt.

Als visionäres Bauwerk stand der Tower, wie sollte es anders sein, auch oft in der Kritik. Seitens der Deutschen Post DHL bemüht man sich, Umweltverträglichkeit und Effizienz hervorzuheben. Die Zahlen sprechen für sich: Das Bauwerk steht im Vergleich mit anderen seiner Größe (162,5 Meter hoch, man muss es erwähnen) mit einer hervorragenden Energie- und Umweltbilanz da. Was nicht auf Anhieb klappte, wurde gewissenhaft nachgebessert.

Manche Gerüchte halten sich dennoch hartnäckig. Tatsächlich wurden die Aufzüge nie gebremst, weil den Mitarbeitern schlecht geworden wäre! Sie fahren butterweich an und beschleunigen seit jeher auf sechs beziehungsweise neun Meter pro Sekunde. Und in Köln erzählt man sich, der Post Tower sei nur deshalb fünf Meter höher als der Kölner Dom, weil man den Kölnern damit eins auswischen wollte. Das wiederum stimmt natürlich.

Adresse Platz der Deutschen Post, 53113 Bonn (Gronau) | **ÖPNV** Bus 610, 611, 630, Haltestelle Post Tower, oder Stadtbahn 16, 63, 66, 67, 68, Haltestelle Heussallee/Museumsmeile | **Öffnungszeiten** Im Rahmen des Tages der offenen Tür in Bonn ist der Tower für die Öffentlichkeit zugänglich. Tickets gibt es zu gegebener Zeit bei der Bonn-Information, Tel. 0228/775000 | **Tipp** Südlich vom Tower befindet sich die Skulpturengruppe »Frauen De Formation« der Künstlerin Tina Schwichtenberg, die man keinesfalls übersehen sollte.

80 Der Presseclub

Alles so schön rund hier

Man befindet sich weder in einer neuzeitlichen Retro-Lounge noch in einer Designausstellung, sondern im Presseclub, wo sich einst Pressevertreter und Politiker in lockerer und manchmal auch geradezu vertraulicher Atmosphäre trafen. Gegründet wurde der Club bereits 1952 und residierte zunächst in der Koblenzer Straße. Eine der ersten Autonomiebestrebungen vonseiten deutscher Presse und Politik in der noch jungen Bundesrepublik, die die Alliierten damals noch mit durchaus gemischten Gefühlen beobachteten.

Abgesehen davon, dass sich hier die Politprominenz die Klinke in die Hand gab und das ein oder andere bei einer Tasse Hochprozentigem eingefädelt wurde, fanden in den 1980er Jahren die legendären monatlichen Jour Fixe der Claudia Welker mit Gästen aus Kunst, Kultur und Politik statt.

Mit dem Umzug der Regierung zog auch der Presseclub um. Heute gehört das denkmalgeschützte Gebäude in der Heinrich-Brüning-Straße der Deutschen Post AG und darf weder außen noch innen maßgeblich verändert werden. Die paar Snack-Automaten, die man hier und da in eine Ecke gequetscht hat, haben dem Ambiente zum Glück nicht viel entgegenzusetzen, obwohl es ohne sie noch schöner wäre. Die Kreisform zieht sich, als typisches Gestaltungselement der 70er, durch das komplette Haus. Und das ist schon »très extraordinaire«.

Jedermann kann hier die Kantine (wo man im »Ölbergsaal« oder im »Drachenfelssaal« speist), die Kaffeebar und den Bistrobereich nutzen. Nachmittags ist in der Regel nicht viel los. Beste Voraussetzungen, um sich hier auf einen Kaffee im »Weißen Salon« oder im »Clubraum« zu verabreden. Eine Terrasse ist bei schönem Wetter geöffnet. Wer finanziell in der Lage ist, kann Catering und Räumlichkeiten für Veranstaltungen mieten. Dazu zählt auch die Kellerbar, die man sich ansehen kann, wenn man dort ist. Leider ist sie aber nur bei Veranstaltungen in Betrieb.

Adresse Heinrich-Brüning-Straße 20, 53113 Bonn (Gronau), Tel. 0228/184869-12 | **ÖPNV** Bus 610, 611, 630, Haltestelle Post Tower | **Öffnungszeiten** Mo–Fr 11–15.30 Uhr; Kantine: 11–14.30 Uhr | **Tipp** Auch die Kantine im neuen Landgericht (Wilhelmstraße 21–23) ist öffentlich. Dort hat man vom vierten Stock aus einen Panoramablick auf die City, der seinesgleichen sucht. Leider muss man dafür die recht strikten Sicherheitskontrollen am Eingang in Kauf nehmen, doch das sollte einen nicht abschrecken.

81 Das private Radiomuseum

»Magische Augen« und »runde Ecken«

Die Radios in Eddy Nußbaums Privatmuseum hören auf so klingende Namen wie »Arabella« oder »3D Raumklang Super«. Manche haben »magische Augen«, und wenn die Geräte eingeschaltet sind, sieht das schon sehr nostalgisch aus. Das älteste Gerät ist von 1926 und heißt »Telefunkon 'G'«. Es trägt den Spitznamen »D-Zug« und erinnert eher an einen physikalischen Versuchsaufbau als an ein Radio. Überall stapeln sich Modelle aus allen Epochen des analogen Rundfunkempfangs. Es gibt aber nicht nur Radios, sondern auch alte Fernseher sowie Mess- und Bandgeräte zu sehen. Und jedes Teil erzählt ein Stück Technikgeschichte.

Das Museum ist Ausstellungsraum und Werkstatt zugleich. Anfangs waren es nur wenige Geräte, die Eddy Nußbaum nach und nach wieder zum Leben erweckte. Aber irgendwann wurden es mehr. Als sich die Gelegenheit bietet, mietet er 2008 aus Platzgründen ein ehemaliges Ladenlokal, weil er überzeugt ist, dass eine Sammlung wie die seine »einfach an die Öffentlichkeit gehört« und in die Stadt passt.

»Alte Radios bedeuten den Menschen auch heute noch etwas«, sagte er. Viele wollen ihr altes »Schätzchen« einfach in guten Händen wissen und schenken ihm ihren ausgedienten Empfänger. Ankaufen muss und möchte er nichts. Inzwischen stehen etwa 200 Röhrengeräte im Museum, und der Elektroingenieur, der beim Max-Planck-Institut für Radioastronomie arbeitet, hat mit der Instandsetzung mehr als genug zu tun. Seit ein Zeitungsartikel über das Museum berichtete, kommen auch immer mal wieder Besucher, die sich privat oder fachlich für die alte Technik interessieren. So kam es auch schon einmal zu einer Zusammenarbeit mit dem »großen« Deutschen Museum Bonn.

Feste Öffnungszeiten gibt es nicht. Am besten ruft man also an (die Telefonnummer steht an der Tür) oder verabredet sich per E-Mail mit Eddy Nußbaum zu einer Reise durch die wirklich faszinierende Welt der »Dampf-Radios«.

Adresse Richard-Wagner-Straße 61, 53115 Bonn (West), E-Mail: radiomuseum-bonn@t-online | **ÖPNV** Busse 604–607, Haltestelle Kaufmannstraße | **Tipp** Das sogenannte Musikerviertel, in dem viele Straßen nach Komponisten benannt sind, ist zwar vorwiegend eine Wohngegend, hat aber auch nette Plätze, an denen man im Sommer sehr entspannt die Außengastronomie genießen kann.

82 Der Radladen Klingeling

Immer eine Handbreit Luft unter der Felge

Bonn will bis 2020 Nordrhein-Westfalens Fahrradhauptstadt werden. Da gibt es sicher noch einiges zu tun, aber auf dem heutigen Radwegenetz kommt man schon ganz ordentlich voran. Entsprechend den vielen Radlern, die es täglich nutzen, gibt es auch eine große Zahl von Radläden. Wer einen günstigen Drahtesel sucht und sich zudem an alter, aber dafür kostengünstiger und solider Technik mehr erfreut als an aufgemotzten Aluminium-Schleudern, der wird im »Klingeling« fündig. Der Laden hat die Atmosphäre alter Fahrradgeschäfte, doch die »historischen« Ersatzteile dienen hier nicht zur Dekoration, sondern werden zur Instandsetzung alter Schätzchen benötigt.

Der Inhaber Johannes Roth kam über die Liebe zum Fahrrad und zum Radsport zu seinem Beruf. In der Vergangenheit führte er mehrere Jahre einen Fahrradkurierdienst und eröffnete 2007 den Laden am Belderberg. Das Konzept ist, Räder, die ein »Gesicht« haben, wieder fit für die Straße zu machen. Bei der Auswahl legt Roth Wert auf Qualität. Als Erstes erfolgt immer eine Probefahrt. Sind Rahmen und Gabel in Ordnung und eine Überarbeitung der Technik wirtschaftlich vertretbar, kann es losgehen. Dann wird repariert, was zu reparieren ist, ausgetauscht, was ausgetauscht werden muss, poliert, aufgepumpt und noch mal gefahren. Bis ein Rad im Laden steht, stecken schon etliche Stunden Arbeit darin. Dafür bekommt man dann aber auch ein technisch einwandfreies Gefährt, und ein schönes dazu.

Es werden auch Kundenfahrräder repariert, aber auch schon mal davon abgeraten, falls zum Beispiel die Reparaturkosten den Wert des Fahrrades übersteigen. Ehrliche Beratung geht Roth über das schnelle Geschäft und »everybody's darling« muss er nicht sein. Auch wenn man Fahrräder – gebrauchte wie neue – in Bonn buchstäblich an jeder Ecke kaufen kann, sollte man sich bei Klingeling unbedingt einmal umschauen. Liebe auf den ersten Blick nicht ausgeschlossen.

Adresse Belderberg 32 (Eingang Franziskanerstraße 21), 53113 Bonn (Zentrum), Tel. 0228/88652365, www.klingeling-bonn.de | ÖPNV alle Busse und Straßenbahnlinien bis Bertha-von-Suttner-Platz/Beethovenhaus oder (noch näher) die Busse bis Haltestelle Bertha-von-Suttner-Platz/Brüdergasse | Öffnungszeiten Mo–Fr 10–13 und 14–18.30 Uhr, Sa 10–14 Uhr | Tipp Wenn es sehr günstig sein soll oder muss, ist der Radladen Wunderlich in der Burbacher Straße 52 eine gute Adresse. Dort gibt es immer eine große Auswahl an Gebrauchten im unteren Preissegment.

83 Die Reutersiedlung

Ein historischer Waschsalon und ein Heim für Ledige

Der erste Spatenstich für die Reutersiedlung erfolgte am 4. April 1949. Geplant hatte man die Siedlung schon seit Oktober 1948. Im Wettlauf um den Sitz der Bundesregierung versuchten sowohl Bonn, wo vor allem Wohnraum für die Mitarbeiter der Bundesverwaltung fehlte, als auch Frankfurt am Main, die Entscheidung im Vorfeld durch Neubauten zu ihren Gunsten zu beeinflussen. Am 3. November 1949 bestätigte der Deutsche Bundestag das Votum des Parlamentarischen Rates, Bonn zur vorläufigen Bundeshauptstadt zu machen.

Der Bau der ersten Bundessiedlung Bonns, nach den Plänen von Max Taut und Heinrich Raderschall, dauerte von 1949 bis 1952. Errichtet wurden mehrere Reihen von Mehrfamilienhäusern, ein sechsgeschossiges »Ledigenheim«, ein Waschhaus und eine Garagenanlage. All diese Gebäude sind heute noch erhalten. Das Waschhaus, das schon lange nicht mehr benutzt wird, ist allerdings in bedauerlich schlechtem Zustand. Das Areal wird von Grünflächen und Plattenwegen durchzogen. Man kann es sich heute nur schwer ohne den mittlerweile beträchtlichen Baumbestand vorstellen.

In sich ist die Siedlung recht klein und schnell durchlaufen. Ein guter Startpunkt ist die Straßenecke Reuterstraße/Bonner Talweg, an der ein gewaltiger Mammutbaum steht. Von dort aus geht man die Heinrich-Körner-Straße entlang. Das ehemalige Ledigenheim und das Waschhaus befinden sich südlich der Straße. Ein Stück weiter findet man auf der gegenüberliegenden Seite die Garagenanlage. Leider verhindern Mauern zwischen den Häuserriegeln vielerorts, dass man zu den Grünanlagen hinter den Häuserzeilen gelangt.

Die Reutersiedlung steht unter Denkmalschutz. Bei einem Spaziergang fällt es nicht schwer, sich vorzustellen, wie die Mitarbeiter der Bundesverwaltung, die Politiker und Journalisten hier lebten. Aber bei aller Nostalgie: ein Ledigenheim? Das klingt nicht gerade nach Rock 'n' Roll.

Adresse Zwischen Reuterstraße, Luisenstraße und Bonner Talweg, 53129 Bonn (Kessenich) | **ÖPNV** Straßenbahn 61, 62, Haltestelle Rittershausstraße | **Tipp** Das kleine Café Lieblich ist um die Ecke, im Bonner Talweg 115. Es ist komplett im Stil der 50er Jahre eingerichtet. Was wäre passender, als nach einem Besuch der Reutersiedlung hier einzukehren?

84 Die Rheinnixe

Die schönste Art, den Rhein zu überqueren

Die Geschichte der Bonner Fährschifffahrt geht bis auf das Jahr 1325 zurück, in dem Erzbischof Heinrich von Virneburg 20 Fährschiffern das vererbliche Recht übertrug, zwischen der Siegmündung und Dollendorf Personen befördern zu dürfen. Teil dieser Geschichte ist die Familie Schmitz, die hier seit Generationen Fähr- und Ausflugsschiffe betreibt.

Die »Rheinnixe« ist die bei den Bonnern vielleicht beliebteste aller Rheinfähren. Täglich pendelt sie im 15-Minuten-Takt von Bonn nach Beuel und zurück. Zum kleinen Preis kann man sich ans andere Ufer bringen lassen und dabei bei schönem Wetter die Aussicht und die frische Luft genießen.

»Das Schiffchen«, nennt Günter Schmitz die Fähre, die sein Arbeitsplatz und sein schwimmendes Büro ist, von dem aus er eine »Flotte« von acht Schiffen »kommandiert«. Dazu gehört auch die »Moby Dick«. Als 1966 ein kleiner Belugawal den Rhein hinaufschwamm und Bonn tagelang in Atem hielt (wegen ihm wurde sogar eine Sitzung des Bundestages unterbrochen), kam man auf die Idee, ein gerade im Bau befindliches Schiff nach ihm zu benennen. 1976 wurde dann die jetzige »Moby Dick« in Betrieb genommen, die optisch an einen Wal erinnert. Auch die Rheinnixe hat Vorgänger, namentlich die »Rheinperle« und die »Rheintreue«. Besonders wichtig waren die Bonner Fähren nach der Zerstörung der Rheinbrücke im Jahre 1945. Bis zu ihrem Wiederaufbau waren sie die einzige Verbindung zum anderen Ufer.

Manchmal sitzt auch Frau Schmitz am Steuer der Rheinnixe. Kennengelernt hat sich das Paar zwar nicht auf der Fähre, aber die gebürtige Frankfurterin, die in Bonn bei der Post arbeitete, benutzte sie häufig. »Sie muss ich anreißen«, sagt Günter Schmitz zu einer Dame mit Rückfahrschein, und »Die darf ich drücken« zu einer anderen mit Zehnerkarte. Man kann sich ganz gut vorstellen, wie die »Funken sprühten«, damals, 1963.

Adresse Anlegestellen: 53225 Bonn (Beuel): Hans-Steger-Ufer, Höhe Steinerstraße; 53113 Bonn (Zentrum): Brassertufer, Höhe Erste Fährgasse | **Anfahrt** Auf der Bonner Seite Haltestelle Bertha-von-Suttner-Platz/Brüdergasse, in Beuel Haltestelle Konrad-Adenauer-Platz | **Betriebszeiten** im Winterhalbjahr 7.30–17.30 Uhr, im Sommerhalbjahr 7.30–19.30 Uhr | **Tipp** Beim Kauf einer Zehnerkarte gibt es noch mal satte Rabatte auf den Fahrpreis. Direkt am Anleger auf der Bonner Seite ist der Rheinpavillon, ein Restaurant mit Biergarten. Zumindest von außen eine Stilikone der 1950er Jahre.

85 Das Rheinstrandbad Oberkassel-Dollendorf

Ich hab noch Sand in den Schuhen von …

Bei Rheinkilometer 649 schiebt sich ein merkwürdiges Bauwerk in den Fluss hinein, das aus groben Steinquadern besteht. Solche dammartigen Gebilde nennt man Kribben. Sie dienen dazu, die Strömung zu verlangsamen. Eine weitere Kribbe befindet sich ein Stück weiter rheinaufwärts und ist bei Wasserniedrigstand ebenfalls gut zu erkennen. Dazwischen muss sich das Rheinstrandbad befunden haben.

Von diesem ist nur ein etwa 100 Meter langer Sandstrand geblieben, der auch heute noch ein beliebter Treffpunkt ist. Die Straße »Am Strandbad« jenseits des Bootshauses des »Oberkasseler Wassersport Verein 1923« erinnert an die alte Zeit. Das Bootshaus ist neu, der Verein hat bei seiner Gründung das Strandbad aber noch in voller Blüte erlebt. »Im April 1912 erhielten ein Bonner Wirt und ein Oberkasseler Kaufmann die Genehmigung, unterhalb von Niederdollendorf ein Strandbad anlegen zu dürfen. Dazu gehörten Umkleideräume, ein Restaurationsgebäude und ein Kaffeezelt. Schwere Schwimmbalken umrahmten die seichte Badezone zwischen den beiden Kribben. Die Wassertiefe durfte höchstens 1,50 Meter betragen. Für die Sicherheit des Publikums standen zwei erfahrene Rettungsmänner mit Leinen und Ringen bereit«, so Karl-Josef Klöhs in »Kaiserwetter am Siebengebirge«.

Schon zu Beginn des 20. Jahrhunderts bot sich den Badenden hier in etwa die gleiche Kulisse wie heute. Das Mausoleum von Carstanjen steht praktisch genau gegenüber. Daneben ragt die Turmspitze der katholischen Kirche St. Andreas in den abendlichen Himmel und dient als Blickfang und Orientierung. Rheinabwärts hat sich das Panorama gewandelt, aber wenn die untergehende Sonne die Szenerie romantisch verklärt, entfaltet der Ort immer noch seine Magie. Vom Baden im Rhein wird heute dringend abgeraten.

Adresse »Am Strandbad« hinter der Bahnunterführung, 53227 Bonn (Oberkassel) | ÖPNV U-Bahn 66 oder Straßenbahn 62, Haltestelle Oberkassel Süd | Tipp Etwas rheinaufwärts verkehrt die Fähre Bad Godesberg-Niederdollendorf, die sich für die Anfahrt anbietet. Rheinabwärts liegt das Lokal »Bundeshäuschen« mit seiner großen Rheinterrasse, gutbürgerlicher Küche und günstigem Mittagstisch.

86 Die römische Badeanlage

Warmwasser für den Centurio

An der Adenauerallee findet man ein an Ort und Stelle belassenes Artefakt aus der Römerzeit. Einige Meter unter dem heutigen Straßenniveau wurde 1988, während der Instandsetzung der Grundmauern des Collegium Albertinum, eine römische Badeanlage entdeckt. Die Fundstelle ist seit 1989 öffentlich zu besichtigen.

Im Zuge der Errichtung des Legionslagers im Bonner Norden kam es auch südlich davon zu Besiedlungen. In dem von den Archäologen als canabae legionis (Lagervorstadt) bezeichneten Gebiet – heute der Bereich zwischen Beethovenhalle und Oxfordstraße – könnte die Infrastruktur noch stark vom nahen Lager beeinflusst gewesen sein. Die vicus bonnensis – der Bereich um das heutige WCCB, wo 2006 spektakuläre Funde zutage traten – hatte wohl eher den Charakter eines eigenständigen Dorfes, in dem sich überwiegend ziviles Leben abspielte. Handwerker und Händler siedelten hier, und es gab eine Therme.

Stadtauswärts biegt man kurz vor der Ersten Fährgasse von der Adenauerallee ab und geht auf das Collegium Albertinum zu, von dessen respekteinflößender Fassade man sich nicht abschrecken lassen darf.

Man überquert den Parkplatz und ist nach wenigen Schritten an der Treppe, die hinab zur Badeanlage führt. Von oben wirkt die Gittertür am Fußende der Treppe verschlossen. Auch hier muss man einfach mutig voranschreiten und die Drehklinke betätigen. Die Tür ist nicht abgeschlossen, auch wenn es so aussieht.

Aufgrund ihrer Größe geht man bei der Anlage davon aus, dass sie zur Wohnung eines Offiziers gehörte. Sie könnte noch im Bereich der Lagervorstadt gelegen haben. Gut erkennbar sind Elemente einer Hypokaustanlage, einer Wand- und Fußbodenheizung. Bis zu 10.000 Menschen lebten insgesamt in den Bereichen außerhalb der rein militärisch genutzten Anlagen, so vermutet man. Und manche davon nicht schlecht, wie die Badeanlage eindrucksvoll beweist.

Adresse Adenauerallee 17–19, 53111 Bonn (Zentrum) | ÖPNV U-Bahn 16, 63, 66, 67, 68, Haltestelle Universität/Markt, ab dort am Hofgarten entlang bis zur Adenauerallee | Öffnungszeiten Die Anlage ist durchgehend zugänglich. | Tipp Ein Stück weit die Adenauerallee hinunter Richtung Süden ist im Haus der Geschichte ein römischer Keller zu besichtigen. Er wurde beim Neubau des HdG entdeckt und später in die Kellergestaltung des Museums integriert.

87_Rosi's Grill

Die Endenicher Imbissperle braucht keine Publicity

Auf die Frage nach ihrer Lieblings-Imbissbude antworten die meisten Bonner entweder »Frittebud« oder »Bönnsche Imbiss«. Die Frittebud (Franzstraße 43) ist in der Gunst des jüngeren Publikums weit vorne, denn hier geht es recht entspannt zu, und neben den legendären Burgern gehen auch immer lockere Sprüche des Personals über die Theke – falls man sie aufgrund der Musikbeschallung mitbekommt. Die Frittebud sichert bis in die frühen Morgenstunden die Versorgung der Besucher und Thekenkräfte der zahlreichen Clubs in der Gegend mit »Heißem und Fettigem«.

Der Bönnsche Imbiss musste 2010 seine Poleposition am Marktplatz räumen und ist jetzt in Oberkassel (Königswinterer Straße 527, gegenüber dem Ernst-Kalkuhl-Gymnasium). Ob sich der Weg für Bonns (selbst ernannte) Currywurst Nummer 1 lohnt, muss jeder selbst entscheiden.

Zu lokaler Berühmtheit brachte es derweil eine Garage in Endenich. Dort betreibt Rosi, eine ältere Dame, einen Imbissbetrieb, der sich durch große Portionen und kleine Preise empfiehlt. Üblicherweise trifft man hier auch den Endenicher Adel, der sich mit großer Ernsthaftigkeit und Ausschließlichkeit den brennenden lokalpolitischen Fragen widmet. Nicht dass hier viel passieren würde, aber es gibt eben zu allem etwas zu sagen. Bei einigen Studenten, die die nahe gelegene Mensa Poppelsdorf (kurz POP-Mensa) frequentieren, hat sich noch nicht herumgesprochen, dass die Currywurst mit Pommes montags und dienstags bei Rosi zum sagenhaft günstigen Preis zu haben ist. Ansonsten könnte der Grill bei dem zu erwartenden Andrang für den Rest der Woche schließen.

Nicht nur das Ambiente bei Rosi ist sehenswert. Die Speisekarte entspricht in ihrer Übersichtlichkeit dem offiziellen Kirmes-Standard von 1962 und sollte schon deshalb als schützenswert gelten. Bei Rosi gibt es einfach mehr statt irgendwelchem Firlefanz. Für so was hat sie »ken Zick«.

Adresse Wiesenweg 40, 53121 Bonn (Endenich) | ÖPNV Bus 604–607, Haltestelle Kaufmannstraße | Öffnungszeiten Mo–Fr 11–19 Uhr, Sa 15–20 Uhr | Tipp Die Mini-Pizzeria Cala Dor in der Südüberbauung hat bis fünf Uhr morgens geöffnet. Und wer in Poppelsdorf unterwegs ist, muss (!) den »Tibet«-Imbiss in der Clemens-August-Straße (gegenüber dem President Hotel) ausprobieren.

88 Der Rugby-Platz

Beim ersten Mal tut's noch weh

1967 von britischen Diplomaten als Abteilung des Bonner SC gegründet, ging es mit dem ersten Rugby-Club Bonns sportlich zunächst stetig bergauf. Nach einem Leistungstief in den 90er Jahren wurde die Abteilung allerdings aufgelöst. Wie die Mitgliederstatistik des Rugby Club Bonn-Rhein-Sieg e. V. (RCBRS, gegründet 1997) beweist, entwickelt sich der Sport in den letzten Jahren jedoch wieder zu einem regelrechten Trend. Das »wilde Gerangel« auf dem Platz reizt viele, die sonst den ganzen Tag brav am Schreibtisch sitzen. Über mangelnden Zulauf kann man sich nicht beschweren.

Schon beim Turnier der zwischen Vier- und Zwölfjährigen geht es auf dem Feld hoch her. Gesprochen wird Englisch, Deutsch und Französisch. Die meisten Teilnehmer kommen von internationalen Schulen, wie man sie auch einige hundert Meter vom Platz entfernt findet. »Tackeln«, ein »Ruck« und ein »Gedränge«, das sind für den Außenstehenden erst mal »böhmische Dörfer«. Umso besser, dass man das in Bonn schon von Kindesbeinen an beim RCBRS spielerisch lernen kann.

Ein Sport nur für harte Kerle? Weit gefehlt. Seit 2010 gibt es auch eine erfolgreiche Damen-Equipe, die »Pandas«. Rugby ist zwar ein Vollkontaktsport, bei dem man nicht zimperlich sein darf, aber in erster Linie ein taktisches Spiel.

Was die Verletzungsgefahr angeht, so führt das Spielen ohne »Puffer« (ein Mundschutz muss allerdings sein) eher zu kontrolliertem Verhalten. Schließlich riskiert man bei einem Foul auch selbst eine Verletzung. Blaue Flecke hagelt es aber reichlich. Die »dritte Halbzeit« nennt man deshalb beim RCBRS vielsagenderweise auch »Vertragerunde«.

Wer Blut lecken will, kann unverbindlich und kostenlos einen Schnupperkurs für zwei bis drei Monate belegen und ist dabei über den Verein versichert. Wer wann in der Saison spielt oder trainiert und was sonst noch passiert, erfährt man über die Webseite.

Adresse Martin-Luther-King-Straße 22, 53175 Bonn (Plittersdorf), Tel. 0228/233002, www.rcbrs.de | **ÖPNV** Stadtbahn 66, 68, Haltestelle Rheinauen | **Tipp** Wem Kontaktsportarten nicht liegen, der kann zum angrenzenden Cricket-Feld gehen. Hier geht es demonstrativ ohne Berührung und »very british« zu.

89 Der Saal der Tanzschule Lepehne-Herbst

Tanzbein mit Knigge

Gegründet wurde die erste Tanzschule Bonns 1924 von Elly Herbst, einer resoluten Dame, die als alleinerziehende Mutter im damaligen gesellschaftlichen Leben noch eine recht exotische Erscheinung war. Seinerzeit waren Tanzschulen der Ort, an dem man sowohl das Tanzen als auch gesellschaftliche Umgangsformen lernte. Und so übte man dort nicht nur den gediegenen Walzerschritt, sondern beispielsweise auch die korrekte Form des Handkusses. Als die Queen 1965 nach Bonn zum Staatsbesuch kam, nahm so mancher Bonner diesbezüglich erst einmal Nachhilfe bei Frau Herbst. Schließlich wollte man sich beim »Besuch des Jahrhunderts« nicht vor »Her Majesty« blamieren.

In den 50ern nahm hier alles Tanzunterricht, was Rang und Namen hatte. Auch Konrad Adenauers Tochter Ria hat hier das Tanzbein geschwungen. Die Zeiten änderten sich. In den 60er und 70er Jahren kam die Schlagerwelle. Roy Black und die WDR-Tanzpartys heizten dem Publikum in den Räumen der Tanzschule mächtig ein.

Der »Hingucker« in der Kaiserstraße ist der Saal, der 1969 angebaut wurde. Er ist praktisch im Original erhalten. »Disco« war noch gar nicht erfunden, insofern war die Tanzschule Herbst mit der modernen Deckendekoration, den farbigen Strahlern und den Spiegelkugeln ein echter Trendsetter und damals schon absolut auf der Höhe der Zeit.

Ralf Lepehne, Turniertänzer und mehrfacher Deutscher Meister, eröffnete 1984 die Tanzschule Lepehne am Belderberg. 1992 übernahm er zusätzlich die Tanzschule Herbst. Auch heute geht man mit der Zeit, passt sich den Bedürfnissen an und bietet, neben Klassikern, auch die modernen, eher sportlichen Formen des Tanzens an. Alle, die »Zumba« für eine Grillwurst halten, sind beim Tanztee (jeden Dienstag um 14.30 Uhr) zu Slowfox und Cha-Cha-Cha willkommen.

Adresse Kaiserstraße 63, 53113 Bonn (Zentrum), Tel. 0228/630291, www.lepehne-herbst.de | **ÖPNV** Straßenbahn 61, 62, Haltestelle Königstraße | **Öffnungszeiten** Kurse finden in der Regel nachmittags statt, Termine stehen auf der Webseite. | **Tipp** Das Café Rittershaus in der Kaiserstraße, Ecke Hans-Iwand-Straße, das zwischenzeitlich Café vom Sturm hieß und jetzt wieder, wie ehedem, Rittershaus, versetzt einen in die Zeit von Elly Herbst zurück.

90__Der SAS-Pavillon

Kleine Wartehalle mit großer Geschichte

Mit etwa zwei Umdrehungen pro Minute lässt es der Mercedes-Stern auf dem Dach des Bonn-Centers ruhig angehen. Das 1968/69 errichtete Gebäude steht heute nahezu leer. Der dortige Hotelbetrieb der Steigenberger-Gruppe wurde 1988 eingestellt.

In das ehemalige Casino des Hotels zog ein Spielcasino ein, und die zuvor hier verkehrende Prominenz blieb weg. 1992 legte der Inhaber eines anderen Bonner Spielcasinos einen Brand, um sich die unliebsame Konkurrenz vom Hals zu schaffen. Der Brandsatz war allerdings derartig »effektiv«, dass die Aktion den Brandstifter selbst das Leben kostete. Momentan nutzen das Bonn-Center unter anderem eine Bowlingbahn, ein Fitnesscenter und das berühmte Pantheon Theater.

Gegenüber, vor dem Sitz des Internationalen Paralympischen Komitees, steht ein Pavillon, den selbst Ur-Bonner gemeinhin rechts oder links liegen lassen und über dessen ursprüngliche Funktion heute kaum noch jemand Bescheid weiß. Wenn man die Abkürzung SAS kennt, ist man allerdings gleich auf der richtigen Spur. Sie steht für »Skandinavian Airline Systems«, was wiederum die alte Bezeichnung der »SAS Scandinavian Airlines«, einer in Stockholm ansässigen Fluggesellschaft, ist.

Der Stahlbetonskelettbau von 1952/53 – damals der kleinste Bauauftrag im Regierungsviertel – stammt von den Bonner Architekten Wilhelm und Dirk Denninger. Das Büro Denninger zeichnet für prägende Bauten der Nachkriegszeit in Bonn verantwortlich, unter anderem für die Bad Godesberger Stadthalle (1955).

SAS nutzte den bis heute nahezu unveränderten und seit 2006 unter Denkmalschutz stehenden Pavillon als Niederlassung und Wartehalle. Auf alten Fotos sieht man noch das Logo der Airline. Heute residiert hier ein Auto-Verleiher. Ein liebenswertes Detail: Die Aussparung für den Baum in der »Dachkrempe« wurde von den Architekten vorausschauend eingeplant.

Adresse Adenauerallee 216, 53113 Bonn (Gronau) | **ÖPNV** über die B 9 mit den Stadtbahnen 16, 63, 66, 67, 68, Haltestelle Bundeskanzlerplatz | **Tipp** Das Pantheon-Theater betreibt seit 2013 im besagten ehemaligen Casino eine zweite Spielstätte. Hier kann man dem komödiantischen Nachwuchs beim Wachsen zusehen.

91__Die Schienenbusse der RSE

Abfahrt am alten Güterbahnhof

Das ganze Gelände um den Bahnhof Beuel herum atmet Geschichte, und bei einem Spaziergang gibt es viel bahnhistorisch Interessantes zu entdecken. Das einzige Stellwerk an der rechten Rheinschiene, das in der Region noch in Betrieb ist, steht wenige Meter vom Bahnhof entfernt. Gegenüber liegt der alte Güterbahnhof, der zum Teil unter Denkmalschutz steht. Seine Kopframpen, prädestiniert für den Schiene-Straße-Umschlag und heute eine Rarität, locken schon länger Bahnbegeisterte aus aller Welt an.

Folgt man den Gleisen vom Güterbahnhof aus Richtung Limperich, kommt man zum Betriebsgelände der Rhein-Sieg-Eisenbahn (RSE). Auch dort begegnet man an jeder Ecke Historischem, hier wird aber auch noch richtig Bahnbetrieb gemacht. Das 1994 gegründete Privatunternehmen entstand aus einer Bürgerinitiative, die sich nach der Stilllegung der Kleinbahn Beuel-Großenbusch für den Erhalt der Strecke einsetzte. Heute wickelt die RSE Güterverkehr ab und bietet Logistikleistungen an, setzt sich aber auch für die Reaktivierung von Bahnstrecken ein und kooperiert mit Kommunen und Eisenbahnvereinen, die sich in dieser Richtung engagieren.

Eine besondere Form der Geschichtspflege sind die von der RSE veranstalteten Ausflugsfahrten mit den legendären Schienenbussen, die ansonsten weitgehend aus dem Bahnverkehr aussortiert wurden. Die Tagesausflüge führen zu Zielen wie beispielsweise der Zeche Zollverein, wo es über das zecheneigene Schienennetz direkt auf das Gelände geht.

Früher waren Schienenbusse, vor allem in ländlichen Gegenden, aus dem Nahverkehr gar nicht wegzudenken. Viele kennen sie noch aus ihrer Jugend und freuen sich, den Fahrzeugen mit dem markanten Erscheinungsbild hier wiederzubegegnen. Die RSE verfügt über eine kleine Flotte davon, zu der auch ein roter MAN VT 25, Baujahr 1960, gehört. Mit einem ähnlichen Modell ist der Autor noch zur Schule gefahren.

Adresse Königswinterer Straße 52, 53227 Bonn (Beuel), Tel. 0228/850340-0, www.rse-express.de | **ÖPNV** Bus 636, 537, Haltestelle Königswinterer Straße | **Tipp** Jedes Jahr findet in Pützchen am zweiten Wochenende im September von Freitag bis Dienstag Pützchens Markt statt, ein Jahrmarkt, dessen Ursprünge bis ins 14. Jahrhundert zurückgehen. Während der Kirmes fahren die RSE-Schienenbusse den ganzen Tag über halbstündlich von Beuel und von Hangelar aus zu dem Spektakel.

92 Das Schreiter-Fenster

Gesellenstück par excellence in der Lukaskirche

Die Frankfurter Allgemeine Zeitung bezeichnete Johannes Schreiter als den »bedeutendsten lebenden Glasmaler der jüngeren Gegenwart«, und der Kunsthistoriker Peter Anselm Riedl sagte über ihn: »Unter den Erneuerern der Glasmalerei ist Johannes Schreiter einer der geistreichsten und wagemutigsten. Schreiter hat nicht nur den stilistischen Fundus der Gattung um eine Fülle neuer Möglichkeiten bereichert, sondern auch Konzepte eingeführt, die man guten Gewissens revolutionär nennen darf.«

In der Lukaskirche, die am 4. Advent 1958 der Gemeinde übergeben wurde, kann man die erste große Arbeit des in Annaberg-Buchholz geborenen Künstlers sehen. Sie zeigt noch nicht das Stilmittel der »Brandcollage«, die Riedl unter anderem meint, wenn er von revolutionären Konzepten spricht, und von der man sagt, Schreiter hätte mit ihr Kunstgeschichte geschrieben. Insofern ist sie vielleicht kein wegweisendes, aber dennoch für seine Laufbahn nicht weniger wichtiges Werk. Der Laie mag die kunstgeschichtlichen Implikationen nicht erkennen, nur ein beeindruckendes, monumentales »Lichtbild« sehen und allenfalls die drei dargestellten, gen Himmel weisenden Engel identifizieren, aber von hier aus beschritt Johannes Schreiter seinen Weg als Erneuerer der Glasmalerei und schuf zahllose für diese Kunstrichtung bedeutende Werke.

Die Lukaskirche steht seit 2007 als zeittypisches Zeugnis der Kirchenarchitektur der 1950er und 1960er Jahre unter Denkmalschutz. Sie ist, auch unabhängig vom Schreiter-Fenster, einen Besuch wert. Die typische Bauweise zeigt sich hier nicht nur in der Architektur, sondern auch in vielen, auf den ersten Blick profanen Details.

Wer Gelegenheit hat, sollte sich den Gemeindesaal ansehen, der ebenfalls zum Ensemble gehört. Die aktive und weltoffene Gemeinde engagiert sich stark in verschiedenen sozialen und gesellschaftlichen Bereichen, insbesondere in der Jugendarbeit.

Adresse Kaiser-Karl-Ring 25, 53111 Bonn (Nord) | **ÖPNV** Stadtbahn 61, 65, Haltestelle LVR-Klinik | **Öffnungszeiten** Di, Do 11–12.30 und von 16.30–18.30 Uhr sowie zu allen Gottesdiensten, individuelle Termine auf Anfrage beim Küster (Tel. 0228/691517) | **Tipp** Gelände und Park der LVR-Klinik liegen direkt auf der anderen Straßenseite. Der wenig bekannte Park lohnt einen Abstecher, vor allem wegen seines vielfältigen und teilweise sehr alten Baumbestandes.

93 Das Schumannhaus

»Ach, hier gibt es auch Pop?«

Nur zwei Jahre seines Lebens verbrachte Robert Schumann in Bonn. Es waren seine letzten. Am Ende weigerte er sich zu essen und starb schließlich an Entkräftung und einer Lungenentzündung. Die Umstände seines Ablebens sorgten für Verschwörungstheorien und Legendenbildung. Natürlich war es eine Tragödie, aber interessanter ist, sich mit Schumanns Leben zu beschäftigen als mit seinem Tod.

Die Sammlung im ersten Stock des Schumannhauses tut das auf ergreifende Weise. Nur zwei kleine Räume belegt sie. Jenen, in dem der Komponist seine letzten Tage verbrachte, und einen Vorraum. Man hat vermeintlich alles gesehen, wenn man sich zweimal umgedreht hat. Beginnt man aber, die Beschriftungen der vielen kleineren Ausstellungsstücke zu lesen, taucht man unversehens in die Welt Robert Schumanns und seiner Familie, Freunde und Weggefährten ein. Dann packt einen die »Schumannia«, und man möchte mehr wissen, über den Künstler und Menschen.

Jetzt ist der Moment, sich die anderen Räume anzusehen, durch die man zunächst achtlos hindurcheilte, auf der Suche nach dem Sensationellen. Im ersten Stock befindet sich auch die Bibliothek, die bei Hauskonzerten zum Salon wird. Intimer geht's nimmer. In den Regalen steht viel zu Robert und Clara Schumann, aber auch eine Amy-Winehouse-Biografie und Werke über den Zusammenhang zwischen Musik und Neurologie. Im Erdgeschoss (auch das hat man sträflicherweise »überstolpert«) ist die Musikbibliothek mit den Noten und Tonträgern untergebracht. Insgesamt mehr als 50.000 Medien. Bei der Größe des Schumannhauses bedarf das einer eigenwilligen Systematik. Beispielsweise gibt es bei den Noten einen selbst erdachten Farb-Index für die verschiedenen Besetzungen. Schumann, der immer für das Neue war, hätte das gefallen. Auch, dass man hier, nachdem das Haus gerade sein 50. Jubiläum gefeiert hat, nicht ruhiger, sondern rühriger wird.

Adresse Sebastianstraße 182, 53115 Bonn (Endenich), Tel. 0228/773656, www.schumannhaus-bonn.de | **ÖPNV** Buslinien 604, 605, 606, 607, Haltestelle Alfred-Bucherer-Straße | **Öffnungszeiten** Mo, Mi, Do, Fr 11–13.30 und 15–18 Uhr | **Tipp** Die Endenicher Kulturmeile ist in knapp zehn Minuten zu Fuß zu erreichen. Dort findet man zeitgenössisches Unterhaltungsprogramm jeglicher Couleur. Die Webseite der Stadt Bonn zählt das Schumannhaus zur Kulturmeile dazu. Auch das hätte Schumann vermutlich gefallen.

94 Die Siedlung Heiderhof

Die Verteidigung des Quaders mit Öffnungen

Flachdach und Hochhausscheiben sind keine Erfindung der Nachkriegszeit. Die Konzepte stammen aus der avantgardistischen Architektur des frühen 20. Jahrhunderts. Sie sind die Grundlage einer Entwicklung, die nicht nur in Deutschland Städtebau und Architektur ab den 50er Jahren dahingehend prägte, dass überall autarke Städte im Grünen entstanden, die in sich geschlossene »Gartenstadtlandschaften« bildeten.

Bonn hat mit der Großsiedlung Heiderhof ein schönes Exempel für diese Form der Stadtplanung. Zwar saß hier nicht die Crème de la Crème des Neuen Bauens am Reißbrett, aber wer vorurteilsfrei an diese Architektur herangeht, findet viel Gutes. Je schlichter die Form, desto bedeutsamer die Details. Da kann schon das Anbringen von drei Lampen, wo funktional eigentlich eine einzige ausgereicht hätte, für Entzücken sorgen oder der verspielte Einsatz polygonaler Elemente für schiere Begeisterung.

Der Blick von oben – in Ermangelung eines Fluggerätes bevorzugt auf einen Umgebungsplan – macht die großen Strukturen deutlich. Der Aufbau der Siedlung folgt einem organischen Prinzip. Die Architektur verästelt sich von außen nach innen zu immer kleineren Einheiten. Gewappnet mit diesem Vorwissen, lässt sich das auch auf Augenhöhe nachvollziehen. Wenig hilfreich sind die Straßennamen, da sie sich nicht auf geografische Gegebenheiten beziehen. Es sind fast ausschließlich Philosophen und Pflanzen im Angebot.

Der erste Spatenstich für die Siedlung erfolgte 1964. Bereits 1965 zogen die ersten Bewohner ein. Unter ihnen viele Politiker. Die sind heute nicht mehr da, aber die sozialen Strukturen haben sich hier weniger dramatisch verändert als in vergleichbaren Siedlungen in Bonn. Zwar gab es in den 90er Jahren auch hier eine »Überalterung«, aber inzwischen hat ein Generationenwechsel eingesetzt. Die Großsiedlung Heiderhof ist heute, vor allem bei jungen Familien, wieder eine sehr begehrte Wohngegend.

Adresse zwischen Heiderhofring und Pappelweg, 53177 Bonn (Heiderhof) | ÖPNV Bus 610, 611, Haltestelle Akazienweg | Tipp Die Werkstatt Baukultur Bonn, eine Gruppe von Bonner Studierenden der Kunstgeschichte, bietet am Heiderhof und an vielen anderen Orten regelmäßig sehr lohnende »baukulturelle Spaziergänge« an (weitere Informationen unter www.baukultur-bonn.de).

95__Die Spur 1 Modellbahn

Ein Kindheitstraum im Maßstab 1:32

Ironischerweise fand der MECK, der »Modelleisenbahn Club Köln« in seiner Heimatstadt keine Räume für sein Vorhaben, das kein Geringes war, und musste nach Bonn ausweichen. Gut für die Bonner, die jetzt eine der europaweit größten Modelleisenbahnen der Spurweite 1 in ihrer Stadt haben. Sie steht in einem Keller in der »alten Tapetenfabrik« in Beuel.

Die Spurweite 1 mit dem Maßstab 1:32 heißt bei den Modellbahnern Königsklasse, weshalb ihre Besitzer die Fans der kinderzimmerkompatibleren Spurweite H0 nur milde belächeln. Auf mehr als 600 Quadratmetern bringt es die Anlage, und der Aufwand, der hier betrieben wurde, um Fahrbetrieb und Miniatur-Landschaft möglichst realitätsnah zu gestalten, ist beeindruckend. Und es geht immer weiter. Inzwischen ist man schon bei der vierten Generation der Verkabelung, und noch immer gibt es etwas zu verbessern. Zu den Gebäude-Modellen, die auf der Anlage stehen, gehört selbstverständlich auch der Bonner Bahnhof. Er ist einer von insgesamt sechs. Das rollende Material, das gerade nicht bewegt wird, steht in den sogenannten Schattenbahnhöfen auf Abruf bereit. Gesteuert werden alle Fahrbewegungen digital von verschiedenen Stellen der Anlage aus, auch liebevoll »die Spielplätze« genannt. Die Züge legen bis zu 400 Meter an Strecke zurück und sind dabei 15 bis 20 Minuten unterwegs, bis sie wieder am Ausgangspunkt ankommen.

Am 14. und 15. September 2013 feierte der Verein sein 15-jähriges Bestehen und präsentierte die Anlage, weitestgehend fertiggestellt, der Öffentlichkeit. »Ganz fertig ist man nie, aber wenn es nichts mehr zu bauen gibt, ist es uninteressant«, sagt Paul Juchem, der geistige Vater des Ganzen, der sich nie hätte träumen lassen, »mal mit einer Eisenbahn zu spielen«. Bis er sich mit seiner Frau zum Hochzeitstag das Musical »Starlight Express« ansah und die Sache ins Rollen kam. So »spielt« das Leben.

Adresse alte Tapetenfabrik (Innenhof), Auguststraße 28, 53229 Bonn (Beuel), www.meck-spur1.de | **ÖPNV** Bus 603, 607, 608, 609, Haltestelle Beueler Bahnhofsplatz | **Öffnungszeiten** Montag- und Freitagabend wird gebaut. Interessierte sind willkommen. Fahrtage und Tage der offenen Tür finden mehrmals im Jahr statt. Die Termine stehen auf der Webseite. | **Tipp** Um die Ecke, in der Siegburger Straße 42, sind im »Lampenlager« und im »Maler Saal« kleinere, experimentellere Spielstätten des Stadttheaters untergebracht.

96 Das St.-Adelheidis-Spiel

Die Wiedergeburt des Carillons in St. Josef

Im Turm der katholischen Pfarrkirche St. Josef in Beuel hängen nicht nur sieben große Läuteglocken, sondern außerdem 55 mittelgroße und kleinere Glocken, die ausschließlich zu einem Glockenspiel, oder präziser, einem Carillon, gehören. Für die tiefen Töne benutzt dieses die Läuteglocken mit und erreicht damit einen Tonumfang von mehr als fünf Oktaven.

Während Läuteglocken schwingen, wenn zum Gottesdienst geläutet wird, werden sie »gespielt«, wenn sie als Teil des Carillons erklingen. Denn das Carillon ist ein Musikinstrument, das mittels einer speziellen Tastatur, dem sogenannten Stokkenklavier, von einem Carillonneur gespielt wird. Untergebracht ist es in einem eigenen Raum in der Kirchturmspitze.

Aufgrund seiner Größe und Qualität gehört das St.-Adelheidis-Spiel zu den bedeutendsten Carillons in Europa und der Welt. Seine Automatik (pneumatisch) ist eine technische Rarität. Umso unverständlicher, dass es 20 Jahre lang schwieg. Nachdem Pastor Adam Bodewig (Pfarrer in St. Josef von 1950 bis 1971) vier Jahre für die Anschaffung gekämpft hatte und es 1962 endlich eingeweiht wurde, spielte man es mit den Jahren immer seltener, bis es 1989 ganz verstummte und nahezu in Vergessenheit geriet. Nur der Initiative des Schiffer-Vereins Beuel, der 2007 eine umfangreiche Restaurierung anschob, ist zu verdanken, dass es seit 2010 wieder erklingt.

Der Carillonneur Andreas Strauß zieht zur Demonstration an einem der Stahlseile, die die Tasten und Pedale des Stokkenklaviers mit den Hämmern verbinden, die die Glocken anschlagen. Dann spielt er ein Lied, um die Besucher und alle Bonner im Umkreis von etlichen Kilometern zu erfreuen. Er hat die Wiedergeburt des Beueler Carillons miterlebt und begleitet. Seitdem spielt er das Instrument regelmäßig. Täglich um 11 und 17 Uhr ertönt es zudem automatisch. Besichtigungen sind für Gruppen nach vorheriger Absprache möglich.

Adresse Hermannstraße 35 (Ecke Goetheallee), 53225 Bonn (Beuel), Tel. 0176/76792902, E-Mail: carillon-bonn-beuel@gmx.de | ÖPNV Stadtbahn 62, 65, 66, 67, Haltestelle Konrad-Adenauer-Platz und Bus 606, Haltestelle Beuel Krankenhaus | Öffnungszeiten nach Absprache | Tipp Die Kirche St. Josef verfügt über eine weltbekannte Orgel. Man hört sie während der Gottesdienste oder auch während des Bonner Orgelfestes, das jedes Jahr im Mai stattfindet. Die Termine stehen auf der Webseite www.bonner-orgelfest.de.

97 Das Stadtarchiv

Das »Gedächtnis« der Stadt

In Köln sagte man, die Stadt habe ihr »Gedächtnis« verloren, als große Teile des Stadtarchivs im März 2009 mit verheerenden Folgen in eine Baugrube stürzten. Erst nach dem Unglück wurde vielen bewusst, welch immense Bedeutung die Archivierung von Medien hat, die über die Stadtgeschichte Auskunft geben und sie somit bewahren.

In Bonn ist dafür der Leiter des Stadtarchivs, Dr. Norbert Schloßmacher, mit seinem Team zuständig. Eine seiner Hauptaufgaben ist die Bewertung der Relevanz von Akten, die zum Zwecke der Aufbewahrung aus den Dienststellen der Stadtverwaltung kommen. Denn längst nicht alles wird archiviert.

Das Archiv befindet sich ebenda, nämlich im Stadthaus. Es beherbergt auch die Stadthistorische Bibliothek, das stark nachgefragte Bildarchiv mit einer circa 6,5 Millionen Objekte umfassenden Sammlung und das Zeitungsarchiv, bei dem man auch heute noch auf die althergebrachte Art der Archivierung vertraut: die Sicherung auf Mikrofilm. Entsprechende Lesegeräte sind vorhanden. Was die Digitalisierung zwecks dauerhafter Archivierung angeht, besteht Aufgeschlossenheit – aber auch eine gesunde Skepsis. »Die Informationstechnologie denkt in anderen Zeiträumen«, sagt Dr. Schloßmacher. »Langzeitarchivierung bedeutet im IT-Bereich fünf oder sechs Jahre. Das ist für uns uninteressant.«

In den Archivschränken, die bereits den Umzug ins Stadthaus im Jahre 1977 mitmachten – gesammelt wird natürlich schon erheblich länger –, lässt sich so einiges entdecken. Dr. Schloßmacher und seine Mitarbeiter helfen mit großem Sachverstand und sehr geduldig bei der Recherche. Es scheint, als bekomme man ein anderes Verhältnis zur Zeit, wenn man von »Zeitgeschichte« umgeben ist. Da aber nicht jeder die Muße hat, sich tagelang im Stadtarchiv aufzuhalten, können bei Bedarf (kostenpflichtige) Kopien oder Scans angefertigt werden. Manche Medien darf man auch ausleihen.

Adresse Stadthaus, Berliner Platz 2, 53111 Bonn (Zentrum), Tel. 0228/772410 | ÖPNV Bus 602, 604, 605 oder Stadtbahn 61, 62, 66, 67, Haltestelle Stadthaus. Der Eingang zum Stadtarchiv befindet sich ebenerdig im Lichthof des Stadthauses. | Öffnungszeiten Mo und Do 10–18 Uhr, Di und Mi 10–16 Uhr, Fr und Sa 10–13 Uhr | Tipp Große Teile der Stadthistorischen Bibliothek können bereits in einem Internetkatalog unter www.stadtarchiv.bonn.de recherchiert werden. Im Lichthof des Stadthauses steht das Lokal »Em Stadthüsje«, das auch einen Platz in diesem Buch verdient hätte. Man kommt unweigerlich daran vorbei, wenn man zum Stadtarchiv geht.

98 Der Stadtgarten

Wo man sich über den Weg läuft

Die Bad Godesberger haben einen, die Bonner nicht. Einen Stadtpark nämlich, der es wert ist, ein solcher genannt zu werden. Zusammen mit dem Redoutenpark und der südlich gelegenen Rigal'schen Wiese bildet der Godesberger Park auf 13 Hektar Fläche eine veritable zusammenhängende Grünanlage mit Blick auf das Siebengebirge in die eine Richtung und auf die Godesburg in der anderen. Da können die Innenstädter nur vor Neid erblassen – oder in die Rheinauen radeln. Als Substitut muss einstweilen der Hofgarten mit den angrenzenden Alleen herhalten.

Der eigentliche Stadtgarten erstreckt sich von der Adenauerallee bis zum alten Zoll und ist sehr überschaubar, was immerhin den Vorteil hat, dass man sich ganz pauschal »im Stadtgarten« verabreden kann und sich garantiert nicht verpasst.

Vom Hofgarten aus kommt man Richtung Rhein hinein. Hinter einer Brüstung steppt auf dem schmalen, abschüssigen Grünstreifen im Sommer der Bär. Direkt darunter liegt eine ebene Sandfläche, die qua Gewohnheitsrecht von Boule-Spielern okkupiert wird, sobald sie frostfrei und trocken ist. Abends sorgt Flutlicht dafür, dass der Platz bespielbar bleibt, und so hört man an lauen Sommerabenden das leise Klicken der Boule-Kugeln bis spät in die Nacht. Seit 2012 bezieht übrigens die Eislaufbahn im Winter hier Quartier.

Es schließt sich der Biergarten am Alten Zoll an, der aufgrund seiner exponierten Lage als einer der beliebtesten in Bonn gilt. Im Sommer sind die Rasenfläche und der Biergarten traditionell bis auf das letzte Fleckchen und bis auf die letzte Bank belegt. Aber auch dann kann man sich, mit Glück und Geschick, noch einen schönen Platz angeln.

Von der Spitze des Hügels rechts hinter dem Musikpavillon aus hat man die allerbeste Aussicht, und das relativ ungestört, denn der Platz ist noch ziemlich »unentdeckt«. Zumindest war er das bis zum Erscheinen dieses Buches.

Adresse direkt hinter dem Koblenzer Tor (Südseite) zwischen Adenauerallee und Altem Zoll, 53111 Bonn (Zentrum) | **ÖPNV** U-Bahn 16, 63, 66, Haltestelle Universität/Markt | **Tipp** Von Mitte Juni bis Mitte August finden jeden Samstagabend Livekonzerte vor dem Musikpavillon statt. Das Kontrastprogramm zum Abhängen im Stadtgarten gibt es vier Querstraßen weiter, in der Oper (Am Boeselagerhof 1).

99 Das Stadtmuseum

Manchmal muss es das Stadtmuseum sein

Nikolaus Simrock, dem Musikverleger und ebenso einflussreichen wie geschäftstüchtigen Sohn der Stadt, hat man in Bonn kein Denkmal gesetzt. Die Villa von Friedrich Soennecken steht schon seit Jahren leer. Dafür darf sich das »Denkmal für die Söhne der Stadt« im Baumschulenwäldchen ungeniert breitmachen.

Wenigstens im Stadtmuseum werden die Erstgenannten rehabilitiert. Simrock teilt sich im ehemaligen Viktoriabad eine Sauna mit Ludwig van Beethoven, mit dem er befreundet war. Die Präsentation leugnet die vormalige Bestimmung der Räume als Badeanstalt nicht. Der Schreibtisch von Friedrich Soennecken hat seinen Platz dort, wo einige bedeutende Bonner Firmen versammelt sind. Hier kommt man selbstverständlich um Haribo nicht herum, aber der blaue Goldbär wirkt direkt bescheiden auf seinem Söckelchen, verglichen mit dem Raum, den der Erfinder des Aktenordners einnimmt.

Im Stadtmuseum kann man sich von den Römern bis (fast) zur Gegenwart durch die Stadtgeschichte treiben lassen. Die Dauerausstellung ist chronologisch aufgebaut und zeigt unter anderem einige komplette Interieurs, so einen typischen Bonner Kolonialwarenladen von 1890. Das Geschäft, aus dem die Möblierung und die meisten Utensilien stammen, hat noch länger existiert, und der ein oder andere nicht mehr ganz junge Bonner hat dort vielleicht selbst noch eingekauft.

Angesichts seiner Geschichte muss man dankbar sein, dass das Museum überhaupt existiert. Bereits 1882 war durch das Vermächtnis der Kunstsammlung des Bonner Medizinprofessor Dr. Franz Obernier der Grundstock für ein Stadtmuseum gelegt worden. Es dauerte aber noch bis zum 15. Januar 1998, bis das Vorhaben in die Tat umgesetzt werden konnte. Gründe, das Stadtmuseum zu besuchen, gibt es reichlich. Unbedingt vormerken sollte man sich die Termine der Sonderausstellungen und der zahlreichen thematischen Führungen und Vorträge.

Adresse Franziskanerstraße 9, I. und II. Obergeschoss, 53113 Bonn (Zentrum), Tel. 0228/772877 | **ÖPNV** alle Busse und Straßenbahnlinien bis Bertha-von-Suttner-Platz/Beethovenhaus oder (noch näher) die Busse bis Haltestelle Bertha-von-Suttner-Platz/Brüdergasse | **Öffnungszeiten** Mi 9.30–14 Uhr, Do–Sa 13–18 Uhr, Sonntag 11.30–17 Uhr; Mitte Juli–Mitte Sept. geschlossen | **Tipp** Einen Besuch wert ist auch das Ernst-Moritz-Arndt-Haus, Adenauerallee 79, die Dependance des Stadtmuseums.

100_Die Stadtpatrone

Legende und kein Ende

Die heiligen Märtyrer Cassius und Florentius begegnen einem auf Schritt und Tritt in der Stadt und besonders oft im und am Münster. Am Seiteneingang, hinter der Basilika, liegen die Köpfe der beiden als riesenhafte Skulpturen, geschaffen von Iskender Yediler. Sie wurden manches Mal übergangen. Vielleicht deshalb, weil der Martinsplatz bis zur Eröffnung des Haribo City Shop am Neutor noch nicht auf den touristischen Laufwegen lag.

Der Grund für die Ermordung von Cassius und Florentius war, der Überlieferung nach, die Weigerung der beiden Legionäre und weiterer etwa 6.600 Soldaten der sogenannten Thebäischen Legion, sich an der Verfolgung christlicher Glaubensbrüder zu beteiligen. Daraufhin wurde die komplette Legion eliminiert. Im 3. Jahrhundert soll es gewesen sein, und in Endenich sollen Cassius und Florentius ihr Ende gefunden haben, woran die Marterkapelle (siehe Seite 138) erinnert. 500 Jahre später war die Legende noch immer lebendig. Pilger besuchten die mutmaßlichen Grabstätten. Das Cassius-Stift wurde gegründet und errichtete an ebendiesem Ort seine wichtigste Kirche, »St. Cassius und Florentius«, das heutige Bonner Münster. Als Gerhard von Are 1166 die unter der Stiftskirche gefundenen Grabstätten öffnen und die Gebeine heben und auf dem Hochaltar ausstellen ließ, war das gleichbedeutend mit der Heiligsprechung.

1643 wurden Cassius und Florentius zu Stadtpatronen ernannt. Das Stift löste sich 1802 auf. Die Reliquien gerieten in Vergessenheit und wurden erst 1887, bei einer Restaurierung des Münsters, zufällig in einem der Chortürme wiedergefunden. Zwei Büsten der Märtyrer aus dem 18. Jahrhundert fand man, ebenso zufällig, 2006 auf dem Speicher des Münsters. Und die cella memoriae, die man 1928 bei Ausgrabungen unter dem Bonner Münster entdeckte, soll bald genau hier, neben dem Eingang am Martinsplatz, wieder ausgestellt werden. Die Legende lebt.

Adresse am Martinsplatz, 53113 Bonn (Zentrum) | ÖPNV Alle Verkehrsmittel, die zum Hauptbahnhof fahren. Von dort sind es nur ein paar Minuten Fußweg. | Tipp Der Kreuzgang des Münsters hat es ins Buch »1000 Orte, die man gesehen haben muss, bevor man stirbt« geschafft. Er ist aber auch wirklich sehenswert.

101 Das Stroof-Haus

Vilich im Jahre 1825

Leonhard Stroof war von 1809 bis 1825 der erste Bürgermeister der 1808 von Napoleon gegründeten Gemeinde Vilich, der Vorgängerin des heutigen Stadtbezirks Beuel. Aus dieser Zeit ist das um 1700 erbaute Bürgermeister-Stroof-Haus authentisch erhalten, womit es Bonns ältestes Bürgermeister-Haus ist.

Willkommen im Jahr 1825. Der zentrale Raum im Erdgeschoss ist die Küche. Nebenan ist die Amtsstube mit dem original Schreibpult. Eine »Kölner Stuckdecke« ziert das Damenzimmer im ersten Stock, wo auch der große Wohnsalon ist. Die Räume sind, eine absolute Seltenheit im Rheinland, komplett ausgemalt; allerdings ist davon erst ein kleiner Teil sichtbar. Das Haus birgt noch viele Geheimnisse. So geben der Weinkeller unter dem 300 Jahre alten Fachwerk und ein noch unerforschter Raum, der sich unmittelbar anschließt, Rätsel auf. Eines ist indes sicher: Den bescheidenen Luxus, in dem der Bürgermeister lebte, leistete er sich nicht von seinem Gehalt. Das Bürgermeisteramt war ein Ehrenamt und wurde nicht besoldet. Nachdem die Franzosen aus dem Rheinland abgezogen waren, stand Stroof als Bürgermeister im Dienst der Preußen und hat, wie üblich, alle kleineren und größeren Vorgänge fein »nach oben« zu melden gehabt. Seine gesamte Korrespondenz liegt als Abschrift vor, was dem Besucher interessante Einblicke in das Leben der damaligen Zeit ermöglicht.

Für den Geschichtsinteressierten ist das Bürgermeister-Stroof-Haus ein Muss. Natürlich wegen des Architektur- und Geschichtsdenkmals selbst, aber auch weil hier der Denkmal- und Geschichtsverein Bonn-Rechtsrheinisch seinen Sitz hat. Der rettete das Gebäude 1985 vor dem Abriss und ist in Sachen rechtsrheinischer Geschichte so etwas wie das Maß der Dinge. Seit 2009 betreibt er das Haus als museale Erinnerungs- und als historische Forschungs-, Bildungs- und Begegnungsstätte mit Bibliothek und umfangreichen Archiven.

Adresse Adelheidisstraße 3, 53225 Bonn (Vilich), Tel. 0228/42214664 | ÖPNV Straßenbahn 66, 67, Haltestelle Vilich | Öffnungszeiten Di und Fr 15–18 Uhr | Tipp Das Stroof-Haus liegt inmitten des Ortskerns von Vilich (liebe linksrheinische Bonner, das spricht sich weder »Willich« noch »Fillich«, sondern »Fielich«) mit etlichen historischen Baulichkeiten, die den Ort als Wiege des rechtsrheinischen Bonn ausweisen und unbedingt sehenswert sind.

102 Der Südbahnhof

Im Südviertel etwas links von der Mitte

Als der legendäre Treffpunkt der Bonner Linken, die Schumann-Klause, 1984 schließen musste, war klar: Irgendwie muss es weitergehen mit dem linkssolidarischen Gedanken, und Walter Steffens, einer der ehemaligen Betreiber, eröffnete 1985 die Folgeinstitution in der Südstadt. Der »Südbahnhof«, der kein Bahnhof ist, sondern eine typische Bierkneipe, machte weiter, wo die Schumann-Klause aufgehört hatte. Als erste Aktion wetterte man gegen Ex-Verteidigungsminister Manfred Wörner und die Feier zum 30-jährigen Bestehen der Bundeswehr, die just gegenüber in der Ermekeilkaserne begangen wurde. Der Südbahnhof sorgte für Strom und Verpflegung, während eine Menschenkette die Kaserne »umzingelte«. Dann kamen die bewährte Kakerlakenfalle und das »Nica-Schwein« wieder auf den Tresen, ein Einmachglas, in das die Trinkgelder flossen – zugunsten der Nicaragua-Hilfe Bonn. Als Anerkennung für den bei den Nicas »Commandante Cerveza« genannten Soli-Wirt benannte man dort einen Stier nach ihm. Was aus dem Tier wurde, ist nicht bekannt. Walter Steffens starb an Herzversagen, wahrscheinlich begünstigt durch seinen nicht unbeträchtlichen Alkoholkonsum, am 6. Dezember 2005.

Vorher schon stand auch der Südbahnhof aufgrund maroder Finanzen kurz vor dem Kollaps. Der Verein, der zur Rettung gegründet wurde, musste innerhalb einer Woche das Geld für den Kauf des Gebäudes aufbringen. Die Rettung gelang. Die vom Verein betrauten Wirte machen ihren Job heute so gut, dass es dem Südbahnhof besser geht denn je. Dabei ist er (auch ohne Kakerlakenfalle) ein Stück weit geblieben, was er immer war, und hat sich doch verändert. Zu den langsam in die Jahre kommenden Aktivisten der ersten Stunde gesellt sich inzwischen ein junges Publikum, das die lockere Atmosphäre zu schätzen weiß. Man trifft sich vor allem zum Fußballgucken oder, um den Kicker zu quälen, der als der beste der Stadt gilt.

Adresse Ermekeilstraße 32, 53113 Bonn (Südstadt), Tel. 0228/218103 | **ÖPNV** Bus 600, Haltestelle Wilhelm-Levison-Straße, oder Stadtbahn 61, 62, Haltestelle Weberstraße | **Öffnungszeiten** Mo–Fr 18–3 Uhr, Sa 15–3 Uhr, So 15–1 Uhr | **Tipp** Ebenfalls zum Urgestein Bonner Alternativ-Gastronomie, die sich im Südviertel gegen die »galoppierende Gentrifizierung« stemmt, gehört die »Mausefalle 33 ⅓« in der Weberstraße 41.

103 Das Trajekt

Zug um Zug über den Rhein

Will man den Rhein überqueren, benutzt man entweder eine Brücke, oder man nimmt eine Fähre. Das war früher nicht anders, aber es gab in der Geschichte der Rheinüberquerungen auch Besonderheiten in Bonn, von denen noch heute Spuren zu finden sind. Also auf zu einem Ort für Spurensucher!

Zunächst ins Heimatmuseum Beuel. Dort steht, neben einem Modell der alten Rheinbrücke, das Modell des Trajekt Bonn – Oberkassel. So sah sie einmal aus, die Eisenbahnfähre, die von 1870 bis 1914 die Bahnstrecken der Rheinischen Eisenbahngesellschaft links und rechts des Flusses verband. Drei Fährponten überquerten den Rhein in einem Winkel von 45 Grad gegen den Strom von Bonn in Richtung Oberkassel. Jede von ihnen hatte eine Länge von 70 Metern und war 9,50 Meter breit. Entweder zehn Güterwagen, sieben Personenwagen oder eine Lokomotive konnte jede der Ponten tragen. Auf der Bonner Seite stand nahe des Ufers der Bahnhof Bonn-Trajekt. Von dort kommend erreichte die Strecke an der Blockstelle Kessenich die Hauptstrecke und führte auf einem eigenen Gleis bis zum Hauptbahnhof.

Die alte Trasse findet man noch heute. Am besten sieht man sie an der Reuterbrücke, wo man sie schon von oben gut erkennen kann. Sie verläuft genau parallel zur zweigleisigen Hauptstrecke. Zwar ist sie zum Teil überbaut, aber die Eisenschwellen und ein einzelner Schienenstrang sind noch gut zu sehen. Wer die Reuterbrücke verlässt und näher an die Trasse herangeht, sollte Vorsicht walten lassen. Die vorbeifahrenden Züge bremsen hier nicht für Trajekt-Touristen.

Nach dem Zweiten Weltkrieg wurde die Strecke auf der Bonner Seite von der anliegenden Industrie noch lange für den Güterbetrieb genutzt, bis sie schließlich endgültig stillgelegt wurde. Straßennamen beziehen sich sowohl auf Bonner Seite (Trajektkreisel) als auch auf Oberkasseler Seite (Am Trajekt) auf die Eisenbahnfähre.

Adresse Heimatmuseum Beuel: Wagnergasse 2–4, 53225 Bonn (Beuel), Tel. 0228/463074; Alte Trasse: entlang der Hauptstrecke der Bahn an der Kaiserstraße zwischen Reuterbrücke und Hauptbahnhof | ÖPNV Museum: Bus 622, 529, 537, 538, Haltestelle Beuel Krankenhaus | Öffnungszeiten Museum: Mi, Sa, So 15–18 Uhr | Tipp Eine andere bemerkenswerte Art, den Rhein zu überqueren, war die Hodges-Bridge. Mehr erfährt man in Niederdollendorf, wo am Fähranleger eine Informationstafel mit ausführlichem Text und Fotos steht.

104_ Tube Audio Professional

Silizium gehört nicht in einen Signalweg

Ziemlich unbescheiden schlägt es einem auf der Internetseite entgegen: »Willkommen auf dem Röhrenolymp«. Wer die Latte so hoch legt, der muss auch was zu bieten haben. Und in der Tat, wenn Rainer Röder zur »Sprechstunde« bittet, dann wird Tacheles im Bezug auf Röhrentechnik geredet.

Der versierte Klangkünstler hat sich auf alles spezialisiert, was mit der Röhrentechnik in hochwertigen Hi-Fi-Geräten zu tun hat. Neben dem Besten lässt er diesbezüglich nichts gelten und hat sich damit einen Ruf gemacht. Inzwischen ist der Kundenstamm international, und so gehen von Bonn aus regelmäßig die hochwertigsten Komponenten in die ganze Welt. Dazu gehören beispielsweise akribisch selektierte Sätze von Röhren, die ihren Wohlklang dann vielleicht demnächst in einer Stereoanlage in Australien verbreiten.

Was Röder auszeichnet, ist seine jahrzehntelange Praxiserfahrung. Schon in jungen Jahren hatte es ihm die Röhrentechnik angetan, und er reparierte Geräte und baute Verstärker für Musiker. Später arbeitete er als Tontechniker im Studio des Produzenten Conny Plank, in dem Bands wie »Can«, »Grobschnitt« und »Guru Guru« aufnahmen. Anfang der Nullerjahre betrieb er selbst eines der technisch anspruchsvollsten Tonstudios in Düsseldorf, bis er sich dann 2007 endgültig ganz der Röhre verschrieb.

Seitdem baut und vertreibt er auch eine eigene Produktlinie von handgefertigten Geräten für die Musikwiedergabe. Dass die geradezu göttlich klingen und ebenso optisch bis ins kleinste Detail überzeugen, schlägt sich zwar im Preis nieder, aber wer auf den Olymp will, darf eben nicht knausern. Wir reden vom Gegenwert eines besseren Mittelklassewagens.

Wer sich für die Produkte interessiert oder einen »Patienten« hat, der dringend der Heilung bedarf, wird gebeten, sich telefonisch anzumelden, da der Terminkalender von Dr. Röder immer recht voll ist.

Adresse Adolfstraße 20, 53111 Bonn (Nord), Tel. 0228/635000, www.tubeaudiopro.de | **ÖPNV** Bus 602, 604, 605, Haltestelle Heerstraße | **Öffnungszeiten** unregelmäßig, bitte telefonisch anmelden | **Tipp** Die Adolfstraße liegt genau an der Schnittstelle zwischen dem August-Macke-Viertel und der »neuen« Altstadt. Im Ersteren gibt es mehr Kunst, in Letzterer mehr Theken.

105 Das Tulpenfeld

Öffentliche Wege auf dem »Weg der Demokratie«

Was haben das Auswärtige Amt und der UN-Campus gemeinsam? Sie sind beide Stationen auf dem »Weg der Demokratie«, und es steht ein hoher Zaun drum herum. In beiden Fällen ist das (mit dem Zaun) sehr bedauerlich, denn so kann man die Gebäude nur aus der Distanz betrachten, vom Besuch des berühmten »Weltsaals« im Auswärtigen Amt oder der Kantine im »Langen Eugen« ganz zu schweigen.

Im Tulpenfeld kann man sich noch frei bewegen, wenn man sich nicht an den nervös blinzelnden Mitarbeitern des Sicherheitsdienstes und am heiseren Röcheln ihrer Sprechfunkgeräte stört. Das Gebäude-Ensemble, auch »Allianzbauten am Tulpenfeld« genannt, wurde zwischen 1964 und 1969 erbaut. In dem 18-geschossigen Hochhaus waren verschiedene Bundesministerien untergebracht. Ab 1977 hatten Abgeordnete hier ihre Büros. Von 1968 bis 1999 fanden im verglasten Saal an der Längsseite des Pressehauses die berüchtigten Bundespressekonferenzen statt, die von manchen Politikern nach Möglichkeit gemieden wurden.

Das Tulpenfeld ist aber nicht nur politikgeschichtlich interessant, sondern auch architektonisch, da es ein zusammenhängendes und weitgehend unverändertes Bild des zweckbezogenen Baustils der späteren 60er Jahre vermittelt. Zum Vergleich mit heutigen Anforderungen hat man den Post Tower in Richtung Rheinaue im Blick.

Zum Architekten Hanns Dustmann, der die Planung des Bürozentrums im Auftrag der Allianz AG übernahm, sagt die NRW Architekturdatenbank im Internet: »Ab 1945 freischaffender Architekt in Bielefeld. Entnazifiziert.« Dunstmann war ein Schwager des Reichsjugendführers Baldur von Schirach, Reichsarchitekt für Heime der Hitlerjugend und enger Vertrauter Albert Speers. In den 50er und 60er Jahren entwarf er vornehmlich Verwaltungsgebäude und Bauten für Banken, Sparkassen und Versicherungen. Unbedingt ansehen, bevor doch jemand auf die Idee kommt, einen Zaun zu bauen.

Adresse Tulpenfeld zwischen Friedrich-Ebert-Allee und Winston-Churchill-Straße, 53113 Bonn (Gronau) | ÖPNV U-Bahn 16, 63 und 66, Haltestelle Heussallee/Museumsmeile | Tipp Der »Weg der Demokratie« besteht aus beschilderten Stationen an zeithistorischen Orten im ehemaligen Regierungsviertel und beginnt am Haus der Geschichte. Eine Übersicht über alle Stationen findet man auch unter www.wegderdemokratie.de.

106 Die Vasarely Fassade

Pop oder Op?

Wäre die Fassade des Juridicums von Warhol, dem Erfinder der Pop-Art, gestaltet worden anstatt von Vasarely, würde man wohl ein entsprechendes Schild anbringen und das Gebäude zum Startpunkt der Museumsmeile erklären. Jede Broschüre, die in der Bonn-Information ausliegt, trüge es auf dem Titel, und die Jura-Studenten müssten sich täglich durch Trauben begeisterter Touristen kämpfen, um zu ihren Hörsälen zu gelangen. Und sicher würde jemand vorschlagen, die U-Bahn-Station in »Andy-Warhol-Fassade« umzubenennen.

Victor Vasarely hat aber »nur« die Op-, nicht die Pop-Art erfunden. Am fehlenden Buchstaben alleine kann es ja wohl nicht liegen, denn Vasarely ist zumindest einer, den man kennen könnte. Der 1906 in Ungarn geborene und 1997 in Paris verstorbene Künstler war, von der ersten documenta im Jahre 1955 an, viermal in Folge in Kassel vertreten. In den 70er Jahren arbeitete er auch als Grafiker. Sein mit Abstand am weitesten verbreitetes Design aus dieser Zeit kann man jeden Tag auf der Straße sehen, denn 1972 entwickelte er das rhombusförmige Emblem für den französischen Autohersteller Renault, welches dessen Fahrzeuge bis heute, in leicht veränderter Form, am Kühlergrill führen.

Die großformatige Arbeit, die die Fassade des Juridicums schmückt, ja geradezu dominiert, wurde 1969 angebracht und basiert auf einer Arbeit Vasarelys mit dem Titel »Ríu-Kíu-C« aus den 1950er Jahren. In dieser Zeit beschäftigte er sich phasenweise ausschließlich mit den Möglichkeiten des Schwarz-Weiß-Kontrasts. Eine missverständliche Metapher, wenn es um die Rechtsprechung geht. Vasarely ging es aber vornehmlich um das Muster, welches sich in beliebiger Abfolge denken lässt und genau das Gegenteil von »Schwarz-Weiß-Malerei« symbolisieren soll. Nämlich die Möglichkeit, sich aus einer festgesetzten Position zu lösen und die Situationen aus einem alternativen Blickwinkel zu betrachten.

Adresse Adenauerallee 24–42, 53113 Bonn (Zentrum) | **ÖPNV** U-Bahn 16, 63, 66, 67, 68, Haltestelle Juridicum | **Tipp** Die Hauptbibliothek der Universitäts- und Landesbibliothek liegt direkt gegenüber auf der anderen Straßenseite. Der Bau von 1960, auf den sich das Juridicum architektonisch bezieht, ist sehenswert.

107 _ *Ver*rückte Zeiten

Das Psychiatriemuseum der LVR-Klinik Bonn

»Pass op, sonst küss de bei de Pelman.« Das geflügelte Wort kennt in Bonn jeder. Es bezieht sich auf Carl Pelman, bis 1904 ärztlicher Direktor der ehemaligen Provinzial-Irrenanstalt Bonn. Betrachtet man das Bild und müsste raten, wann in diesem »Verschlag« zuletzt ein Kind untergebracht wurde, würde man vermuten, dass das um Prof. Dr. Pelmans Zeit herum gewesen sein könnte, vielleicht noch in den 20er Jahren, schlimmstenfalls in den 50ern. Tatsächlich wurde der »Käfig« noch bis 1981 verwendet! Man sieht, die Reform der Psychiatrie kam erst spät und war dringend nötig.

2013 zog die Sammlung zur Geschichte der Psychiatrie, die sich bis dahin im Haus 4 der LVR-Klinik befand, ins Haus 15, wo man mehr Platz hat. Hier wird nun gezeigt, was in Jahrzehnten zusammengetragen und vor dem Vergessen bewahrt wurde. Gerade die dunklen Seiten der Psychiatrie würde manch einer, auch heute noch, lieber nicht ausgestellt sehen. Von Bonn aus wurden zwischen 1939 und 1944 Hunderte Patienten in die Tötungsanstalten geschickt, und noch in den 70er Jahren beschreibt eine Enquete die Lage der Psychiatrie in Deutschland als »menschenunwürdig«. Umso wichtiger, dass das Museum den kritischen Dialog über die Psychiatrie einfordert, in der sich in den letzten Jahren fraglos viel zum Besseren gewandelt hat.

Die Exponate stammen zum Großteil aus dem Haus, aber auch aus anderen Kliniken und privaten Spenden und gewähren einen manchmal erschreckenden und oft bewegenden Einblick in den Alltag von Patienten und Klinikpersonal. Der Ort gibt Anlass zum Nachdenken. Was der Bonner im Scherz meint, wenn er von »Pelman« spricht, wirft auch die Frage nach den Ressentiments aus der Vergangenheit auf. Die sitzen mitunter tief, und Aufklärung ist das einzige bekannte Heilmittel dagegen.

Die Ausstellung wird von der Kulturstiftung des LVR und vom Klinikverbund des LVR finanziell gefördert.

Adresse Kaiser-Karl-Ring 20, 53111 Bonn (Nord), Tel. 0228/5512185 (Frau Linda Orth) | ÖPNV Stadtbahn 61, 65, Haltestelle LVR-Klinik | Öffnungszeiten nach tel. Absprache | Tipp Wenn man im Norden stadtauswärts unterwegs ist und dem Kaiser-Karl-Ring folgt, kommt man nach Bonn-Castell. Ecke Römerstraße liegt der große jüdische Friedhof, und gegenüber steht der Nachbau eines römischen Krans.

108 Die Waldau

Mit Kind und Kegel zu den Gespensterbuchen

Die Waldau ist ein Teil des Bonner Stadtwaldes und bildet den nördlichen Teil des Kottenforsts. Die Bezeichnung wird aber auch für das dortige Ausflugsziel verwendet. Neben dem Haus der Natur mit seinem wundervollen Bauerngarten, einem Restaurant, verschiedenen Naturdenkmälern und insgesamt sieben Hektar an Wildgehegen sind hier vor allem manche Besucher einen Besuch wert.

An Wochenenden und an Feiertagen erlebt die Waldau eine regelrechte Invasion von Ausflüglern. Unter ihnen gibt es den Typus »Schrecken der Waldau«, den man unschwer erkennt. Sein erster Weg, nach dem obligatorischen Gang zum Eiswagen, führt ihn und die Seinen zum Spielplatz, wo der dreijährige Spross unter Verlust des soeben erworbenen Eishörnchens und unter viel Geschrei auf eine Rutsche gehievt wird. Das nächste Ziel des »ferus terror« sind die Wildgehege, wo der mitgeführte Hund unter großem Hallo von der Leine gelassen wird. Die aufgestellten Futterautomaten werden kategorisch ignoriert. Wildschwein, Dam- oder Rotwild, egal, es wird gnadenlos mit Mitgebrachtem gefüttert, was sich bewegt. Nebenbei: Es ist ein Gerücht, dass das Wildfleisch, das man beim Forstamt in der Flerzheimer Allee kaufen kann, aus dem städtischen Wildgehege stammt.

Alles, was sich nicht bewegt, ist für den »Schrecken der Waldau« relativ uninteressant. Die Waldlehrpfade werden ebenso geschmäht wie die uralten Kopfbuchen, die wegen ihrer Verwachsungen auch Gespensterbuchen genannt werden. Eine kleine Familie hat gerade den »ohne Schuhe durch den Wald«-Pfad als willkommene Abkürzung zum Damwild-Gehege entdeckt. Vorbildlich kommt das Familienoberhaupt seinem Bildungsauftrag nach, liest vor, was auf dem Schild zur Erklärung eines »ohne Schuhe durch den Wald«-Pfads geschrieben steht, endet mit den Worten: »Also, Schuhe aus, Augen zu und durch« und stapft los. Selbstverständlich mit Schuhen.

Adresse An der Waldau 50, 53127 Bonn (Venusberg) | **ÖPNV** Bus 602, Endhaltestelle Waldau | **Öffnungszeiten** Haus der Natur: Mai–Okt. Di–So 12–14.30 und 15–18 Uhr; Nov.–April Di–So 12–13.30 und 14–17 Uhr | **Tipp** Immer dem Hasen nach: Der etwa zwei Kilometer lange Felix-Wanderweg bietet Kindern für locker vier Stunden lehrreiche Abwechslung. Das erwähnte Forstamt ist in der Flerzheimer Allee 15 in Röttgen, also nicht weit von der Waldau entfernt.

109 Der Wasserlichtfeldspiegel

Kunstgeschichte am Bau

Zum Bonner Stadthaus pflegen viele Bonner eine Hassliebe. Man schaut gerne daran vorbei, wann immer es geht (allerdings ist es schwer zu übersehen), und man geht nur hin, wenn man muss. Wenn es mal wieder in den Schlagzeilen ist, wie jüngst, weil es langsam in die Jahre kommt und renoviert werden soll, regt man sich gebührend auf. »Was das wieder kostet!« Das Parkdeck indes nimmt man gerne in Anspruch. Böse Zungen behaupten, dass das Stadthaus dem Bonner insgeheim am Herzen liegt, weil es ihm immer wieder Gelegenheit gibt, seiner Lieblingsbeschäftigung nachzugehen: dem Jammern.

Als Tourist kann man das alles etwas entspannter sehen. Beim Rundgang durch das Stadthaus lassen sich viele liebenswerte Details entdecken. Beispielsweise stellt der großzügige Wartebereich im ersten Stock eine Stilikone der 70er-Jahre-Architektur dar. Ein Traum in Braun. Von hier aus kommt man auch in die Kantine, wo man bei einem günstigen Mittagessen ebenfalls dem Stilgefühl der Epoche nachspüren kann.

Im und um das Stadthaus herum finden sich zahlreiche Kunstwerke der Zeit. Befragt man die Bonner nach dem Objekt, das oberhalb der Haltestelle »Stadthaus« steht, zucken die meisten allerdings nur mit den Schultern. Die Skulptur »Wasserlichtfeldspiegel« von Günter Ferdinand Ris ist zwar weithin sichtbar, wird aber kaum beachtet. Vielleicht, weil man sich daran gewöhnt hat, das Stadthaus von der Vorderseite aus anzusteuern und dort die Treppe zu benutzen, anstatt den kürzeren Weg über die Rolltreppe und am Wasserlichtfeldspiegel vorbei zu wählen – was daran liegen könnte, dass die Rolltreppe so gut wie nie in Betrieb ist. Auch ein schöner Anlass zum Jammern.

Ris hat in Bonn noch weitere Kunstwerke im öffentlichen Raum geschaffen, denen nachzuspüren sich lohnt – und sein legendärer »Sunball«-Stuhl aus dem Jahre 1969 avancierte in Designerkreisen ohnehin zum Kultobjekt.

Adresse Berliner Platz 2, 53111 Bonn (Zentrum) | ÖPNV U-Bahn 66, 67 und Stadtbahn 61, 62, Haltestelle Stadthaus | Tipp Auch die anderen Kunstwerke am Stadthaus sind sehr sehenswert. Das Leitsystem aus Farben, Hinweisschildern und Symbolen verdient besondere Beachtung, es wurde von Rolf Müller und Anton Stankowski entwickelt. Stankowski gilt als Pionier des modernen Grafikdesigns.

110 Der Weg am Wasserfall in der Rheinaue

Entschleunigung auf Japanisch

Der Freizeitpark Rheinaue wurde in seinen Grundzügen anlässlich der Bundesgartenschau 1979 angelegt. Etliche Nationen beteiligten sich mit Schenkungen, von denen der japanische Garten die vielleicht spektakulärste ist. Wie der kleine Garten dem Besucherandrang an einem sonnigen Wochenende standhält, ist allerdings ein Rätsel. Zu Ruhe und Kontemplation findet man hier schwerlich, während man von den Massen gegen die vorgeschriebene Laufrichtung durch das Areal geschoben wird. Da hilft nur, sich an bedeckten Tagen und unter der Woche hier einzufinden. Cosplay-Anhänger, die man dann vereinzelt antrifft, lassen sich verschmerzen.

Weniger bekannt, da nicht an den Hauptlaufwegen durch die Rheinaue gelegen, ist der Wasserfall, der als architektonisches Echo des Gartens angelegt wurde. Er befindet sich unterhalb des Hügels, auf dem die Skulptur »Löffelwald« (Hermann Goepfert und Johannes Peter Hölzinger, 1979) steht. Gespeist aus dem Rheinauensee, aus dem das Wasser bis hierhin unterirdisch in die Höhe gepumpt wird, stürzt der Wasserfall mehrere Meter in die Tiefe. Die bauliche Einfassung zitiert den Stil des ausgehenden 18. Jahrhunderts und steht in spannendem Kontrast zu dem Weg aus Steinquadern, der die Ästhetik des japanischen Gartens aufgreift. Die Lücken zwischen den Quadern führen bei Radfahrern wie Fußgängern spontan zur Entschleunigung. Manche bleiben andächtig vor dem Wasserfall stehen oder machen immer gleich aussehende Fotos, weil es sich bei dieser Kulisse einfach anbietet.

Man kann das Schauspiel von oben betrachten oder selbst zur Kamera greifen und Familie und Freunde vor dem Postkartenmotiv ablichten. Später kann man dann behaupten, im Hintergrund wären die Kaiser-Wilhelm-Fälle von Osaka, und niemand wird widersprechen.

Adresse im Freizeitpark Rheinaue unterhalb des japanischen Gartens, 53113 Bonn (Gronau) | **ÖPNV** U-Bahn 66, Haltestelle Rheinaue | **Öffnungszeiten** jederzeit zugänglich | **Tipp** Selbstverständlich lohnt sich ein Spaziergang durch die Rheinaue bei jedem Wetter und zu jeder Gelegenheit. Von April bis Oktober findet hier an jedem dritten Samstag im Monat der Rheinauen-Flohmarkt statt, der zu den deutschlandweit größten gehört.

111 Das WOKI

»Wasservögel« im »One-Dollar-House«

Der große Saal im WOKI hat viel gesehen, und was in den 70er Jahren durch die Projektoren ratterte, trieb ihm die Schamesröte ins Gesicht. Die Beate-Uhse-Werbung hängt noch im Treppenhaus, das zur Kölnstraße führt. »Der Geheimtipp für Kenner. An- und erregende Spannung«. Sie stammt noch aus der Zeit, in der man eine Schachtel Pralinen an der Kinokasse kaufte, wenn man einen »Film« sehen wollte. Pornokinos gab es offiziell nicht, und es bedurfte beim Eintrittsgeld eines kleinen Tricks.

Eröffnet wurde das Kino bereits 1956, und zwar von der Walt Disney Corporation. Der Eröffnungsfilm hieß »Wasservögel«. Die passende Dekoration wurde gleich mitgeliefert. Sie ist noch im Original erhalten, genau so, wie sie einst eingebaut wurde. Damals gab es nur einen Saal mit immerhin 800 Plätzen. Heute sind es zwei, wobei der große Saal aber nicht »zerstückelt« wurde, was in vielen anderen Kinos in den 80er und 90er Jahren leider der Fall war. Im Prinzip ist also alles beim Alten, was den Besuch des Kinos zur Reise in die Kinogeschichte macht. Lediglich einige Sitzreihen wurden zwischenzeitlich entfernt – zugunsten größerer Beinfreiheit.

1996 geschlossen, wurde das Haus 1998 unter dem Namen WOKI wiedereröffnet, und die Betreiber setzten von Anfang an auf Alternativ-Strategien. So war das WOKI beispielsweise das erste »One-Dollar-House« Deutschlands. Während rundherum das Kinosterben einsetzte und Traditionshäuser wie das Atlantis Kino, das Gangolf Kino und das Metropol schließen mussten, überlebte das WOKI dank einer Politik der günstigen Preise und attraktiver Programmschienen für ein vornehmlich junges und internationales Publikum. Sneakpreviews und Filme in Originalfassung gehören ebenso dazu wie Reihen zum deutschen und europäischen Film.

Der Name ist übrigens eine Hommage an eine andere Kino-Kultstätte Bonns, das ehemalige WOKI (Wochenschaukino) am Bahnhof.

Adresse Bertha-von-Suttner-Platz 1–7, 53111 Bonn (Zentrum), Tel. 0228/9768201, Programm: www.woki.de | ÖPNV alle Busse und Straßenbahnen bis Bertha-von-Suttner-Platz/Beethovenhaus | Tipp In der Oxfordstraße 18 (200 Meter Richtung Stadthaus) ist das äthiopische Restaurant Roha. Dort einfach mal die rohe Leber bestellen. Wem nach »an- und erregender Spannung« zumute ist, findet Bonns Beate-Uhse-Filiale am Bischofsplatz.

1
2
3
4
Troisdorf
A59
Troisdorf
56
Siegburg
Dreieck St. Augustin-West
A560
Sankt Augustin
Rhein
Sieg
Menden
56
Mondorf
Sankt Augustin
Dreieck Bonn-Nordost
Bornheim
A555
Bonn-Beuel
Hangelar
A565
Bonn-Vilich
Bonn-Auerberg
56
Kreuz Bonn-Nord
A59
BONN
Limperich
Bonn-Poppelsdorf
Kreuz Bonn-Ost
Bonn-Beuel-Süd
56
A562
42
Bonn-Lengsdorf
Lengsdorf
Kessenich
Bonn-Rheinaue
9
Olof-Palme-Allee
Rhein
Bonn-Hardtberg
Ückesdorf
Ippendorf
Königs-winter
Röttgen
A565
Bad Godesberg
Kottenforst
94
Mehlem
42
Heiderhof
23
Meckenheim-Nord
43
Niederbachem
9
Merl
Meckenheim
Wachtberg
N
0
1 km
Kartographie: www.altancicek.de

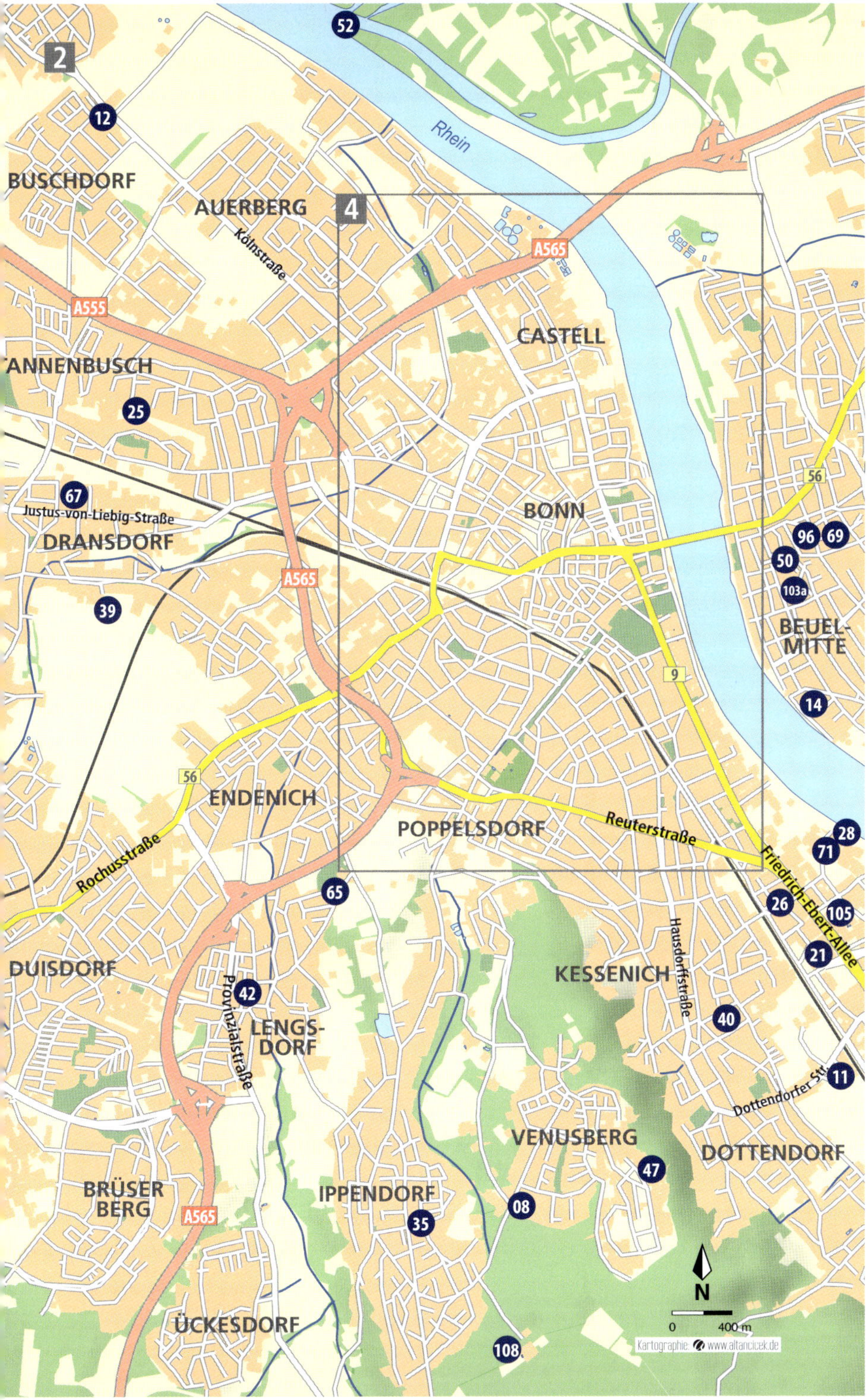
2
4
Rhein
BUSCHDORF
AUERBERG
Kölnstraße
A555
A565
CASTELL
ANNENBUSCH
BONN
Justus-von-Liebig-Straße
DRANSDORF
BEUEL-MITTE
56
9
ENDENICH
POPPELSDORF
Reuterstraße
Rochusstraße
Friedrich-Ebert-Allee
DUISDORF
KESSENICH
Hausdorffstraße
Provinzialstraße
LENGS-DORF
Dottendorfer Str.
VENUSBERG
DOTTENDORF
BRÜSER BERG
IPPENDORF
ÜCKESDORF
N
0
400 m
Kartographie: www.altancicek.de
52
12
25
67
39
65
42
35
08
108
47
40
11
21
105
26
71
28
14
103a
50
96
69

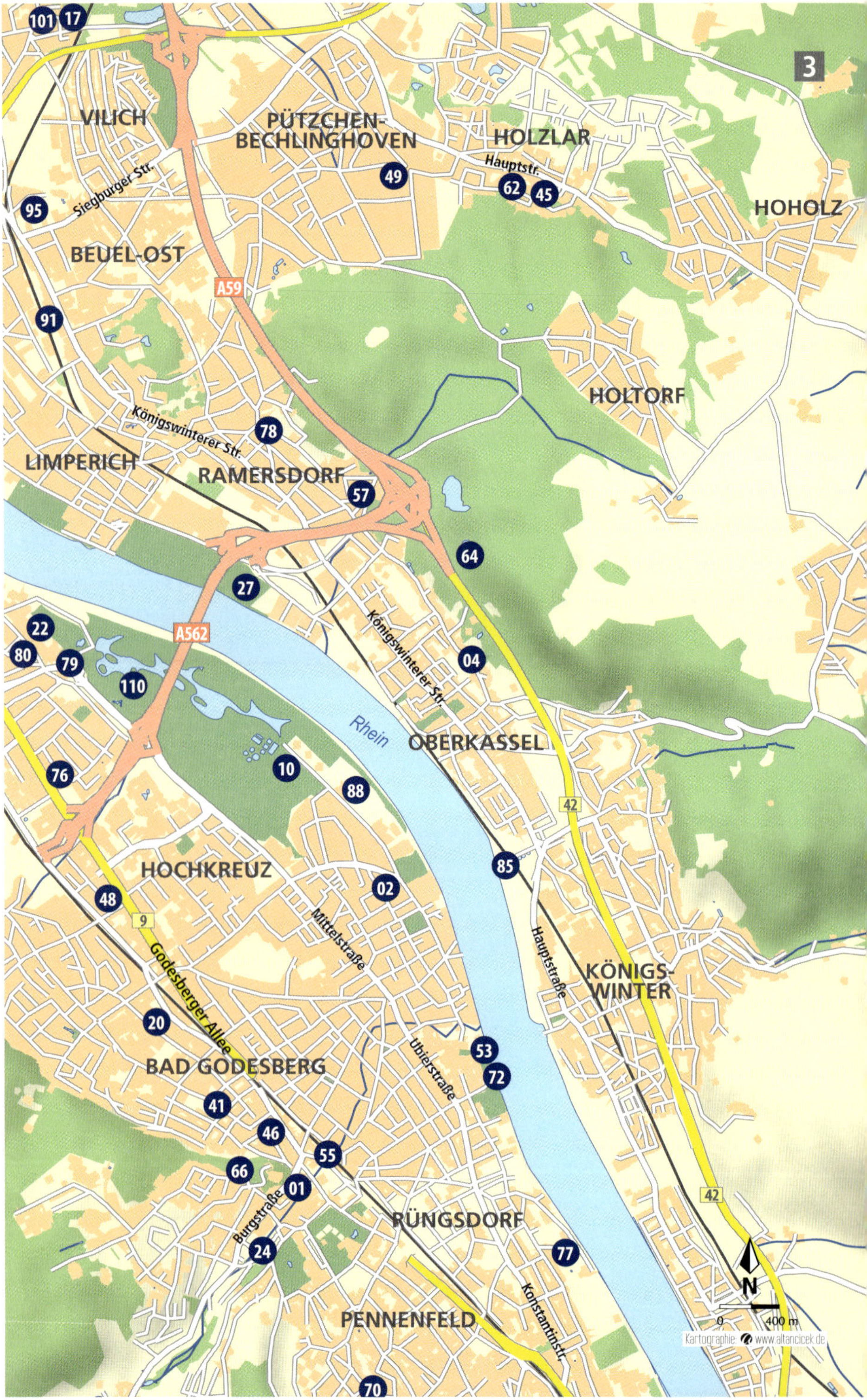
3
VILICH
PÜTZCHEN-BECHLINGHOVEN
HOLZLAR
Hauptstr.
HOHOLZ
Siegburger Str.
BEUEL-OST
A59
HOLTORF
Königswinterer Str.
LIMPERICH
RAMERSDORF
A562
Königswinterer Str.
Rhein
OBERKASSEL
42
HOCHKREUZ
Mittelstraße
Hauptstraße
9
KÖNIGS-WINTER
Godesberger Allee
Ubierstraße
BAD GODESBERG
Burgstraße
RÜNGSDORF
42
PENNENFELD
Konstantinstr.
N
0
400 m
Kartographie: www.altancicek.de
101
17
95
49
62
45
91
78
57
64
27
22
80
79
110
04
10
88
76
85
02
48
20
53
72
41
46
55
66
01
24
77
70

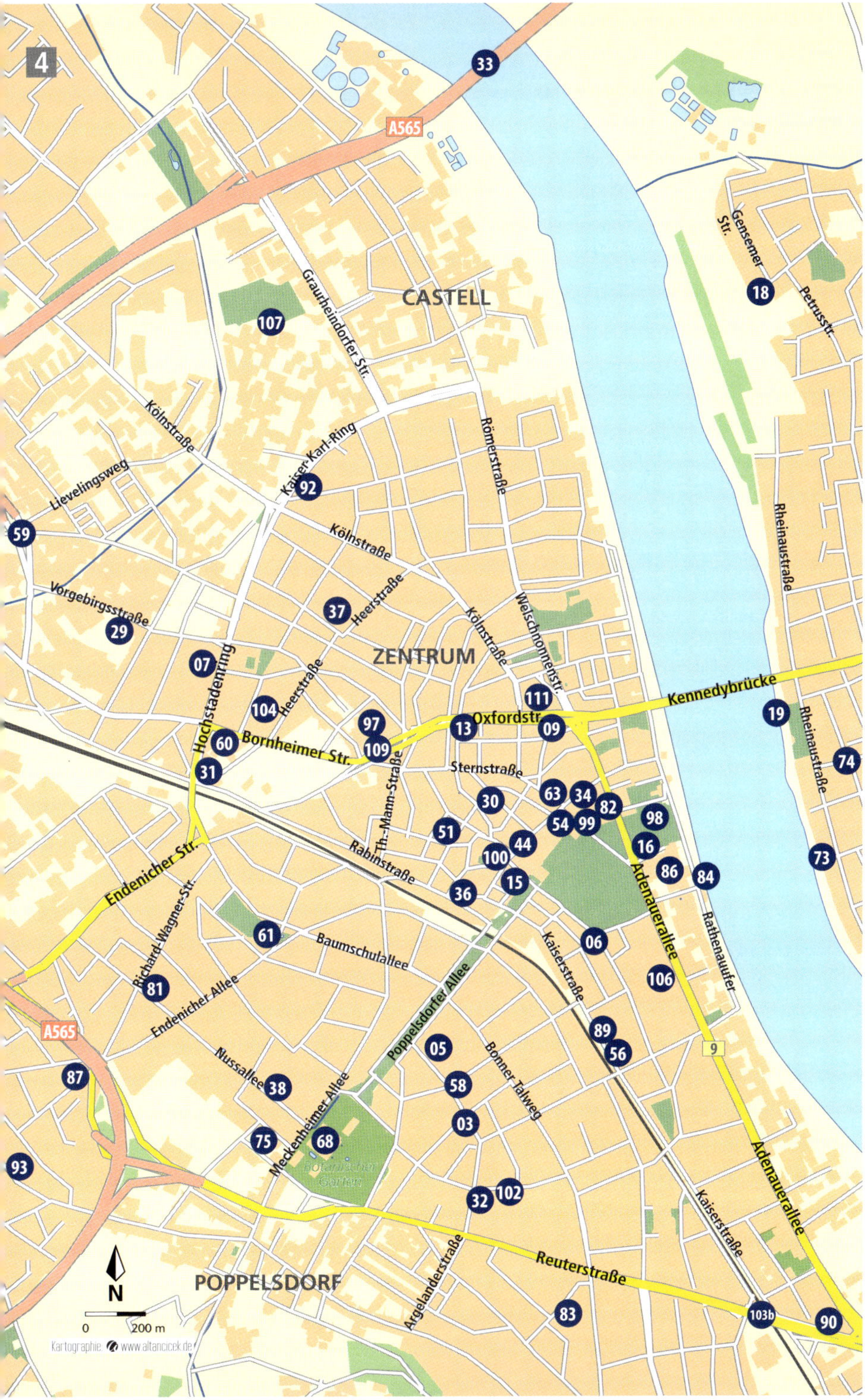

4
A565
CASTELL
ZENTRUM
POPPELSDORF
Graurheindorfer Str.
Kaiser-Karl-Ring
Kölnstraße
Lievelingsweg
Vorgebirgsstraße
Heerstraße
Römerstraße
Welschnonnenstr.
Hochstadenring
Bornheimer Str.
Oxfordstr.
Kennedybrücke
Sternstraße
Th.-Mann-Straße
Rabinstraße
Endenicher Str.
Richard-Wagner-Str.
Baumschulallee
Endenicher Allee
Nussallee
Poppelsdorfer Allee
Meckenheimer Allee
Bonner Talweg
Kaiserstraße
Adenauerallee
Rathenauufer
Rheinaustraße
Gensemer Str.
Petrusstr.
Argelanderstraße
Reuterstraße
Botanischer Garten
9
103b
N
0
200 m
Kartographie: www.altancicek.de

Rüdiger Liedtke
111 Orte auf Mallorca, die man gesehen haben muss
ISBN 978-3-89705-975-7

Susanne Thiel
111 Orte in Madrid, die man gesehen haben muss
ISBN 978-3-95451-118-1

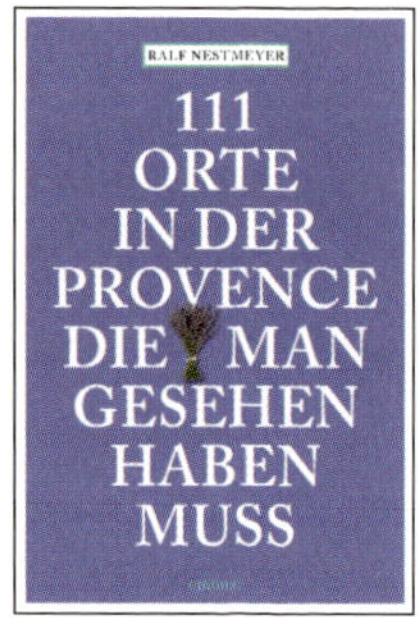

Ralf Nestmeyer
111 Orte in der Provence, die man gesehen haben muss
ISBN 978-3-95451-094-8

Peter Eickhoff
111 Orte in Wien, die man gesehen haben muss
ISBN 978-3-89705-969-6

Stefan Spath
111 Orte in Salzburg, die man gesehen haben muss
ISBN 978-3-95451-114-3

Regine Zweifel
111 Orte in Paris, die man gesehen haben muss
ISBN 978-3-89705-823-1

Dirk Engelhardt
111 in Barcelona, die man gesehen haben muss
ISBN 978-3-95451-066-5

John Sykes
111 Orte in London, die man gesehen haben muss
ISBN 978-3-95451-117-4

Annett Klingner
111 Orte in Rom, die man gesehen haben muss
ISBN 978-3-95451-219-5

Peter Eickhoff
111 Düsseldorfer Orte, die man gesehen haben muss
ISBN 978-3-89705-699-2

Fabian Pasalk
111 Orte im Ruhrgebiet, die man gesehen haben muss
ISBN 978-3-89705-814-9

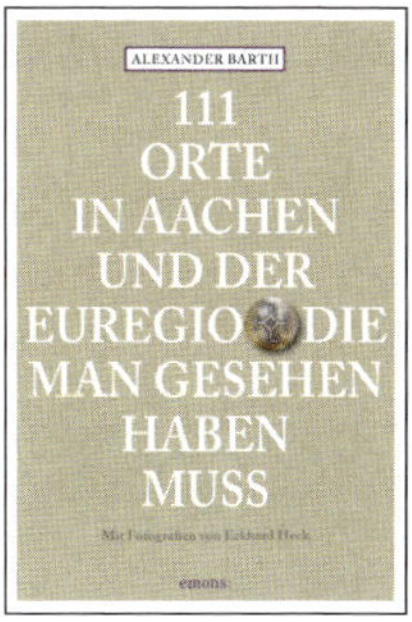

Alexander Barth
111 Orte in Aachen und der Euregio, die man gesehen haben muss
ISBN 978-3-89705-931-3

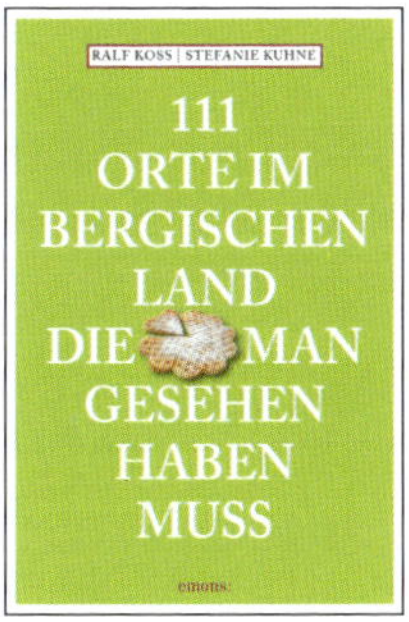

Ralf Koss und Stefanie Kuhne
111 Orte im Bergischen Land, die man gesehen haben muss
ISBN 978-3-95451-027-6

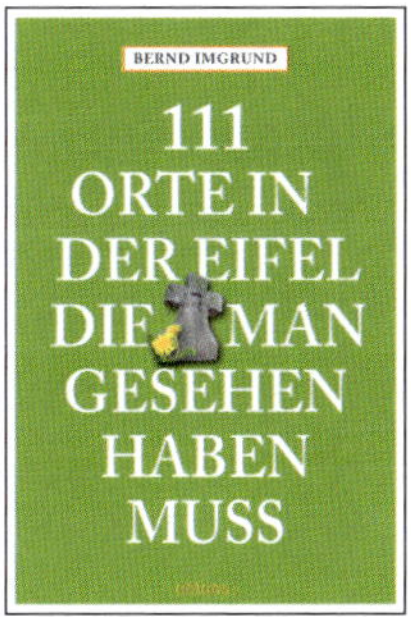

Bernd Imgrund
111 Orte in der Eifel, die man gesehen haben muss
ISBN 978-3-95451-003-0

Lucia Jay von Seldeneck, Carolin Huder, Verena Eidel
111 Orte in Berlin, die man gesehen haben muss
ISBN 978-3-89705-853-8

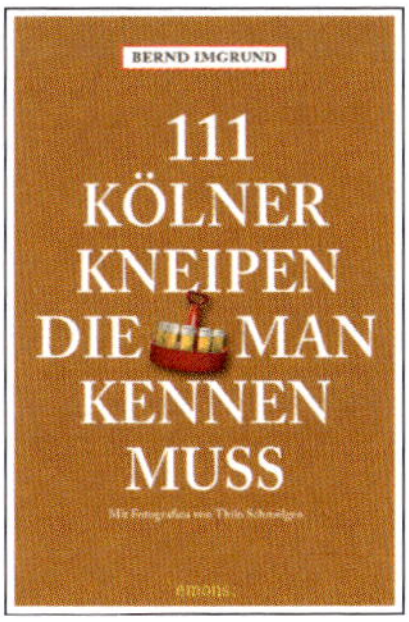

Bernd Imgrund
111 Kölner Kneipen, die man kennen muss
ISBN 978-3-89705-838-5

Monika Salchert
111 Museen in NRW, die man gesehen haben muss
ISBN 978-3-95451-107-5

Bernd Imgrund
111 Kölner Orte, die man gesehen haben muss
Band 1
ISBN 978-3-89705-618-3

Daniela Bianca Gierok
und Ralf H. Dorweiler
111 Orte im Schwarzwald, die man gesehen haben muss
ISBN 978-3-89705-950-4

Barbara Goerlich
111 Orte auf der Schwäbischen Alb, die man gesehen haben muss
ISBN 978-3-89705-948-1

Lucia Jay von Seldeneck,
Carolin Huder, Verena Eidel
111 Orte in Berlin, die Geschichte erzählen
ISBN 978-3-95451-039-9

Stefanie Jung
111 Orte in Mainz, die man gesehen haben muss
ISBN 978-3-95451-041-2

Gabriele Kalmbach
111 Orte in Stuttgart, die man gesehen haben muss
ISBN 978-3-95451-004-7

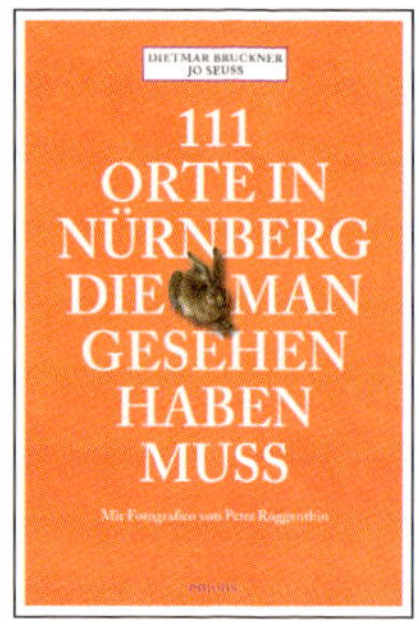

Dietmar Bruckner, Jo Seuß
111 Orte in Nürnberg, die man gesehen haben muss
ISBN 978-3-95451-042-9

Ulf Annel
111 Orte in Erfurt, die man gesehen haben muss
ISBN 978-3-95451-022-1

Oliver Schröter
111 Orte in Sachsen, die man gesehen haben muss
ISBN 978-3-95451-021-4

Reiner Vogel
111 Orte in Regensburg, die man gesehen haben muss
ISBN 978-3-95451-054-2

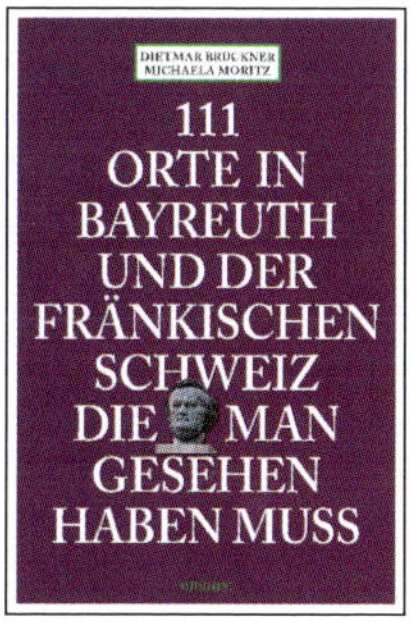

Dietmar Bruckner und Michaela Moritz
111 Orte in Bayreuth und der Fränkischen Schweiz, die man gesehen haben muss
ISBN 978-3-95451-130-3

Christina Kuhn und Christian Löhden
111 Orte in der Pfalz, die man gesehen haben muss
ISBN 978-3-95451-085-6

Thomas Baumann
111 Orte in der Kurpfalz, die man gesehen haben muss
ISBN 978-3-89705-891-0

Stefanie Jung
111 Orte in Rheinhessen, die man gesehen haben muss
ISBN 978-3-95451-082-5

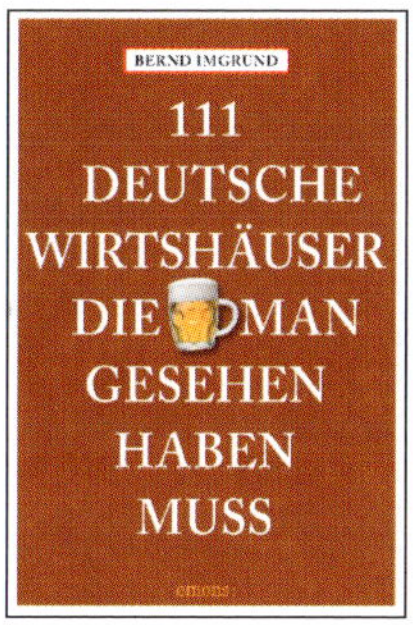

Bernd Imgrund
111 deutsche Wirtshäuser, die man gesehen haben muss
ISBN 978-3-95451-080-1

Cornelia Kuhnert
111 Orte in Hannover, die man gesehen haben muss
ISBN 978-3-95451-086-3

Dietlind Castor
111 Orte am Bodensee, die man gesehen haben muss
ISBN 978-3-95451-063-4

Gabriele Kalmbach
111 Orte in Dresden, die man gesehen haben muss
ISBN 978-3-89705-909-2

Oliver Schröter
111 Orte in Leipzig, die man gesehen haben muss
ISBN 978-3-89705-910-8

Literatur

Die Historischen Angaben im Kapitel »Linders Baumgarten« wurden dem Buch »Der evangelische Friedhof in Holzlar« von Rudolf Cramer entnommen, das in der Reihe »Studien zur Heimatgeschichte des Stadtbezirks Bonn-Beuel« des Stadtarchivs Bonn erschienen ist.

Bildnachweis

Das Foto vom Kurfürstlichen Gärtnerhaus (Seite 131) zeigt die Ausstellung »Passaggio« der Kölner Künstlerin Britta Lenk.

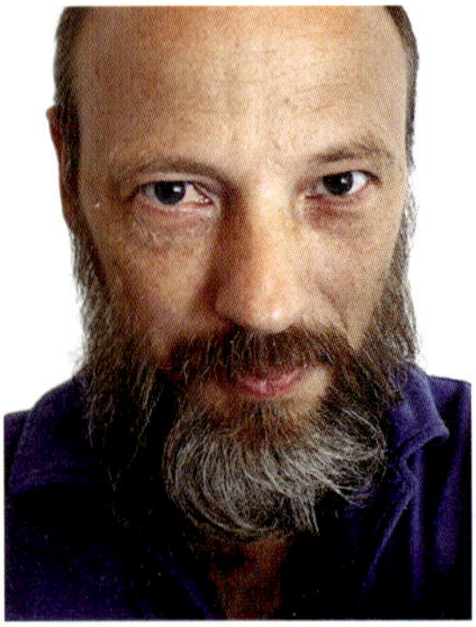

Der Autor und Fotograf

Eckhard Heck, geboren 1962 im Saarland, ist selbstständiger Autor und Fotograf. Sein Herz schlägt für die Kultur, die Geschichte und vor allem für die Menschen, die sich dahinter verbergen. Seit 1987 lebt und arbeitet er in Aachen, von wo es ihn auch regelmäßig in die Metropolen der Rheinschiene und dort bevorzugt nach »Klein Bonnum« verschlägt.